日本能率協会コンサルティング 著
浜田正則 シナリオ制作
たみ 作画

マンガでやさしくわかる

見直しから電子化まで

業務マニュアル

B u s i n e s s M a n u a l

日本能率協会マネジメントセンター

はじめに

近年の不況の影響で正社員が行う業務には変化が起きつつあります。今までの手順が決まっている形式的な業務から、情報と状況を加味して意思決定を必要とする業務へと変化しています。今までの「〇〇の画面を開く」「どこそこのボタンを押す」「××の資料から数字を転記する」といった作業だけでなく、出てきた数値と現在の状況を見ながら別の処理を行うか意思決定するシーンが増えてきています。このような業務は意思決定のポイントを整理しにくいためマニュアルで掲載しないままになってしまいがちです。

くわえて、不況が進んだ結果として、企業はコストを抑制するために人員を増やさない方向にシフトしました。その結果として、1人当たりの業務は増えて新規業務のマニュアル作成も既存業務のマニュアルを改訂する時間もなくなってきました。

このように、マニュアルを見直す時間さえ失われつつある状況においても我々はマニュアルを重要なアイテムだと考えています。強い会社・強いチームを作るには強い個人がいなければなりません。マニュアルを正しく活用することは強い個人を作って行くためには不可欠です。そしてマニュアルを通じて、今まで属人的になってきた作業を見えるようにして、多くの従業員に考え方や技術を徹底していかなければいけません。

本書は、読者の皆さんに対して既存のマニュアルを見つめ直し現状に合った形に見直してもらうことを主眼にしています。そのため、本書は原理原則だけでなく我々がコンサルティングの現場で培ってきたエッセンスをできる限り含めて書いています。1章では、昨今の業務の変化とマニュアルの関係を整理して、マニュアルを見直す必要性を説明します。2章では、マニュアル見直しをテーマとしつつもマニュアル作成に必要な知識やポイントについて説明します。3章では、近年浸透してきたタブレット端末を加味したマニュアルの姿とその導入の手順について説明します。4章では、実際にマニュアルを見直していく方法や作ったマニュアルを運用するコツについて説明します。最後の5章では、ＷｉｋｉやＳＮＳを使った新しい電子マニュアルの考え方について説明します。

構成についてはマンガを使ってマニュアル見直しに関するイメージをつかんでもらいながら文章パートで細かい部分の補足をする形で理解が進むように工夫しています。本書は、これからマニュアルの見直しをする担当者だけでなく、マニュアルを利用する社員の方にもぜひ一読していただきたい内容に仕上げました。本書が、マニュアル作成・運用業務に携わる皆さんのスキルアップに少しでも貢献できれば幸いです。

マンガでやさしくわかる業務マニュアル

目次

第2章

使われるマニュアルにつくり直そう

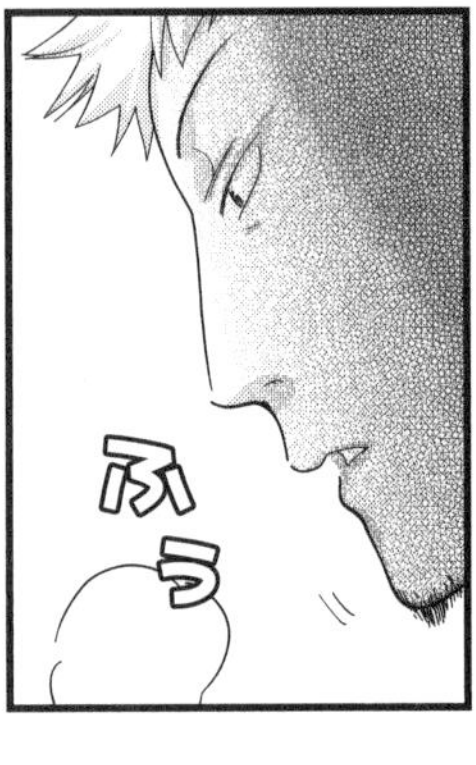

第3章 マニュアルを電子化する7つの手順

大島がしっかりした
マニュアルを作ってくれて
本当に良かったよ

第4章

よりよいマニュアルにするために

第5章

マニュアルをより有効活用するヒント

STORY 5

第1章

今あるマニュアルを もっとよくしよう

子どもの頃から抱いていた
いつか自分のコーヒーショップをひらく夢に向かって
Story 1
外国人が多く来店する新店舗！
今日もがんばるわ
キュッキュッ
私は大島カンナ25歳
大学を卒業しこの『レストラン・喫茶メリーランド』に就職して4年目です
カラン
大島！

おはよう
小沢《おざわ》 寿明《としあき》
メリーランド上野店・店長
小沢店長 おはようございます
今日は早いですね
いつもは昼前なのに
うん それでなんだけど大島
メニューを拭き終えたら事務所に来てくれないか？
えっ……
は……はい
私のことで店長は早出したんだわ……
私何かやったのかしら？

大森さんも
呼ばれたん
ですか？
うん
大森《おおもり》 正平《しょうへい》
メリーランド上野店・副店長
飲食業
とくに近年は
喫茶店業界の
苦戦が叫ばれて
いるが
うちはその
さなか、
山手線沿線に
着々と店舗を
増やしている
ほかにも
公共施設やビルに
あるカップ珈琲の
自動販売機での
販売ルートもあるから
事業はかなり
うまく行っているほうだ
それで社長と
相談した結果
これを機会に
同じ台東区に
もう1店舗
スカイツリー近辺に
出店することになった
それにともない
大森を
新店の店長
大島を
店長代理に
任命する

わ…
私ですか？
経験と実績では大森で何の心配もないが
スカイツリー近辺では外国人観光客に備えて英会話が不可欠
そこで大島の出番というわけだ
そんなっ
私なんか何も取り柄などないですし
履歴書に大きく書いてたじゃないか
『TOEICの受検結果は750点です』と
がんばってくれよ大島
あ――！

自動車免許も持ってない自分を少しでもよく見せるために書いたアレかぁ
店長…英語なんて使わなくなって3年もすれば忘れてますよ…
大森は早速新店舗に向かってくれ
大島はちょっと残って
大島にはマニュアルの見直しをやってもらいたい
ちなみに入社時に渡されたマニュアルはどうしてる？
…家のどこかにあると思います
マニュアルに目を通したことは？
あ いえ… その…
ちなみにマニュアルの役どころを説明するとどうなる？

きゅ…
急には答えられそうにない…です
たのむぞ大島…
マニュアルっていうのはさ
経験や勘にもとづく『暗黙知』を
説明できる知識＝『形式知』へと変換することだ
たとえば…忙しい時間帯に作業優先順位を判断する際の『考え方』
小さなお客様を相手にする際や同僚と私語を交わす際などの『言葉遣い』
病気やケガのときはどの程度で休めば良いのか
休暇を取る際の常識・非常識などの『取り組み姿勢』

品質を追求することと
数をこなすという双方の
落としどころ『こだわり』
?
など…ほんの一例だけど
これらは正解が不透明なまま
個人の判断に任せられがちだ
!
そこにマニュアルという
目に見える統一基準（ルール）を
設けることで
個人でバラバラだったものを
「会社の考え」として
統一・画一化できるわけだ
マニュアル作りの
イロハは
『基準を作り』
『基準を守るための
行動を指南し』
『これら、いままでは
個人の認識や
解釈に委ねていた
目に見えないような
業務内容を
しっかりと文字に起こし』
『業務に携わる者が
ベストパフォーマンスを
発揮できるようにする』
これらの要点を
押さえることだ
というわけで、
店に置いてある
マニュアルを貸すから
見ておくように…
ん？
どこに置いて
あるんだ…？
誰かが見てから
ちゃんと戻さな
かったのかな
よしわかった
明日本社から
持ってくる
私も家で
探してみます

私が店長代理かぁ
このマニュアルも見つかったし
大半は使い回すことになるのかなぁ……
大森さん新店舗の場所どうでした？
駅からは少し歩くけど
案外ここからタクシーなら近いかも
大島のほうは？新店舗のマニュアル大変そう？
まあ
コピペできそうな部分が多いのでラクそうです
それはよかった
そして3カ月後

レストラン・喫茶
メリーランド
スカイツリー前店が
開店して1週間
では
ご注文を
繰り返します
ビーフシチューセットを
パンのセットで
お飲物はブレンド
ハンバーグプレートを
ライスのセットで
お飲物がカフェオレ
以上で
よろしい
でしょうか
ピッ
はい
今日来てくれた
新人さん
ビーフシチューの
作り方を指導するから
こっちに来て
はい!!
ビーフシチューは
仕込みの段階で
出来上がりをスープと
具に分けてあるので
注文が入ったら器に
ニンジン3、肉2、
ジャガイモ1、
マッシュルーム2を
並べてスープをかける
それをレンジで
温めた後
オーブンで焦がし
ミルクを回して
最後に
粉パセリを振れば
できあがり
簡単でしょ?
はい!!

やり方は マニュアルに 書いてあるので 復習しておくように
あと…手際は 今みたいにオーダーが 少ない時はわかりやすい だろうけど 複数の注文が重なると 混乱することもあるので 慣れは必要だな
はい
お待たせ いたしました
ごゆっくり どうぞ
ガタン
ぽけ～
お店としては どうにか形には なってきたけれど いかんせん 集客状況が 芳しくないのが 悩みね

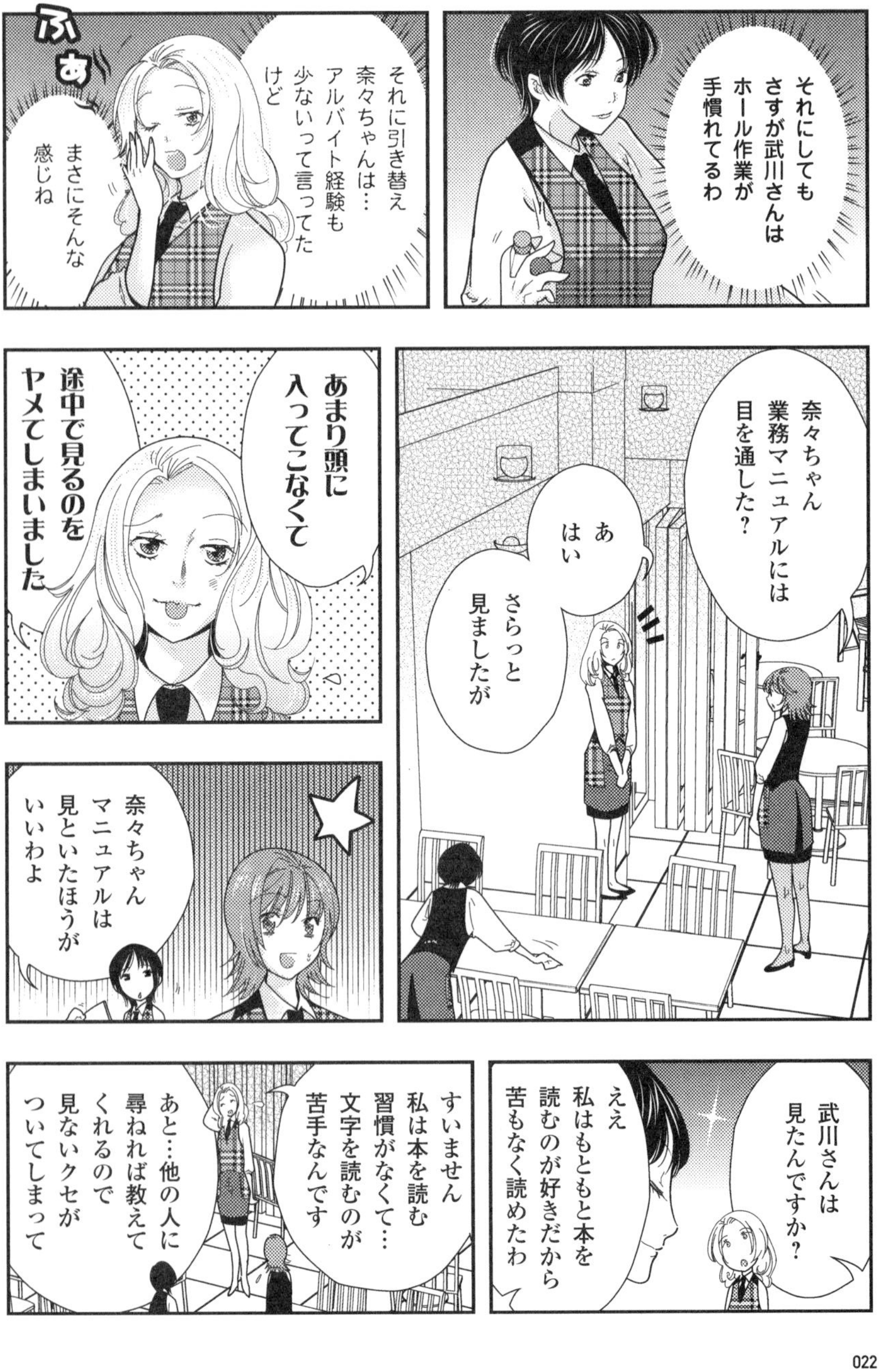
それにしても
さすが武川さんは
ホール作業が
手慣れてるわ
ふあ
それに引き替え
奈々ちゃんは…
アルバイト経験も
少ないって言ってた
けど
まさにそんな
感じね
奈々ちゃん
業務マニュアルには
目を通した？
あ
はい
さらっと
見ましたが
あまり頭に
入ってこなくて
途中で見るのを
ヤメてしまいました
奈々ちゃん
マニュアルは
見といたほうが
いいわよ
武川さんは
見たんですか？
ええ
私はもともと本を
読むのが好きだから
苦もなく読めたわ
すいません
私は本を読む
習慣がなくて…
文字を読むのが
苦手なんです
あと…他の人に
尋ねれば教えて
くれるので
見ないクセが
ついてしまって

閉店後の店内――
はぁ…相変わらず売り上げが芳しくないいな…
すいません…
申し訳ありません…
いや人選した俺の責任でもあるから君たちだけの責任ではないよ
とにかく立て直すことを考えなきゃだ
イベントとかサービス特典とかそういう充実が弱かったんじゃないですか？
かもしれないいな
いずれにせよこのままじゃ
あと3カ月で撤退ということも……

!
あと大島 ホールスタッフの仕事のしかたにバラツキが見えるが
マニュアルは浸透しているのか？
はい全員に配ったのですが…
なるほど見てくれる人とそうでない人がいるのは
まあ当然というか仕方ないな…
マニュアルの役目は個人の能力差をなくすことにあるはずが
今のままではできる人がよりできるようになって
できる人とできない人の差が開く一方になってしまう

マニュアルを渡した後も上司が口頭で指導しなきゃ
厨房ではマニュアルよりもむしろ直接指導のほうを徹底してますよ
大森の後輩指導はいつもそうだからな
ええ 下手したらマニュアルは不必要ってぐらいに指導しますよ
そもそも自分がそうだったのでマニュアルなんて読まない人間のほうが多いと思ってますからね
え…

そりゃあ大森さんの言うように
私もマニュアルなんて見なかったけれど
せっかく作ったのにな
あーあ売り上げも一向に上向かないし自信喪失だよ…
あ
ハジメ先輩だ
もしもしーカンナですー
カンナ久しぶり！いまから出てこないか？
気晴らしになるかも
え いまどこなんですか
東京駅!?会えます！

東京駅の喫茶店にて――
ハジメ先輩お帰りなさい
今回はベトナムでしたっけ？
ミャンマー
それより メール見たよ
店長代理に出世したんだってな
ほら お土産の「ピンクトルマリン」
松岡《まつおか》 ハジメ
外資系メーカーのサラリーマンを経て独立
わあ ありがとうございます
ミャンマーって鉱石が採れるんですか
ハジメ先輩は学生時代によく相談相手になってくれて
今でもたまにメールのやりとりをしています
採れるね
それでどうなの？ 店長代理さん

ダメです……
全然
今日も店長会議で閉店もありうるって
じわ
へ…閉店!?
もし……そうなら……
チャンスだろ!!
ビクッ
力を見せつけるチャンスだろ!
カンナにできることをしたらいいんだ!

学生時代と
変わらないですね
先輩
マニュアルだって
よく
出来てるじゃないか
パラ
読んでほしい
人には
むしろ読んで
もらえなくて…
店長会議でも
マニュアルは
無意味なんじゃ
ないかって
話になりました
マニュアルが
無意味だって？
じろっ
それは
絶対ない！
ひっ
たとえば海外で
事業を展開する際の
成否は
マニュアルに
かかっていると言える
特に日本で実践した
動画マニュアルを
見せることは
現地スタッフの
育成や
現地での営業にも
絶大な効果を
発揮する

国内と海外
同じ国内でも新人と熟練
大人と子どもほど開いたレベルの差を埋めるのに
マニュアルは必要不可欠なんだ
動画マニュアル!
そんなやり方もあるんだ…
アウトプットの方法は他にも…
アニメーションで細かく説明できる3Dマニュアルなんてのもある
活字を読まない人はあくまでも紙媒体でのことで
メールやブログなら普通に読めるという人は多い
だから自社のホームページや社内Wikiなどのようにマニュアルを読んでもらえる形に変えればいい

そ
そんな方法が…！
まったく…
ギブアップする前に
まず勉強不足だよ
どれ
今回は日本に長く
いるつもりだから
可愛い後輩の
ためにひと肌
ぬいでやるか
ありがとう
ございます
先輩!!

01 今あるマニュアルを見直す

近年はマニュアルにしにくい要素を求められる業務が増えています。実際、サービス業でもメーカーでも顧客から要求される品質レベルの高さが手順などで対応できるレベルを超えてきました。つまり、今までの手順だけでなく、各作業のカンやコツの部分がより要求される品質を満たすために重要になってきました。

たとえば、サービス業だと接客の際のお客様への声かけやクレーム対応、工場だと製品や機械の感覚的な調整作業などです。これらは、単純に手順の説明だけでは不十分で、状況を見極めるポイントや感覚的な対応をうまく行わなければ、事故やクレームにつながる危険性があります。実際に、私たちが数十社以上のコンサルティングを行った経験を振り返っても、このようなポイントまでカバーされた業務のマニュアルをあまり目にしたことはありません。

このような要求される品質レベルが上がっていく時流は、当面続いていくと考えられます。長い不況の影響で従来の定型的な業務は、主体が正社員から契約社員・派遣社員へと変わり、最近はシステム化・国内外へのアウトソーシングも進んでいます。
つまり、社員が従来のマニュアルを使って行う業務は社内から徐々になくなっていき、勘やコツによる感覚的な判断をしなければならない業務が多くを占めるようになっていくと想定されるのです。

このような状況下で、今まで勘やコツが必要とされた困難な業務の考え方や技術をいかに早く他の社員へ教育していくかというのが、これからの事業競争力の強化には重要です。「難しい業務だから」「経験が必要だから」と言って後回しにしていては、事業の成長にブレーキを踏んでしまったり、事故が起きてしまうかもしれません。そうならないためにも、早期に既存のマニュアルを見直し、作り替えていくことが重要です。

昨今では、タブレット端末の普及、Ｗｉｋｉ・ＳＮＳの浸透が進んでおり、動画の活用や他のメンバーとの情報交換などこれまでの紙媒体のマニュアルでは不可能だったことができるようになってきました。これらの機能と皆さんの業務の特性を加味して、今のマニュアルをより便利で魅力あるものに見直していくことが必要です。マニュアル見直しを通じて業務の再構築に取り組むことが大切です。

02 マニュアルの4つの機能を確認する

前項でも述べたように、これからは一層マニュアルが重要になってくるため、マニュアルを起点としたマニュアル経営が競争を勝ち抜く1つのポイントになります。

では、マニュアルとはどうあるべきなのでしょうか?

そもそもマニュアルには次の4つの機能があります。

① 業務を見えるようにする

② 業務そのもの、業務上の判断の基準を作る

③ 基準を守るようにするための行動がわかる

④ ベストパフォーマーを作る

各機能は①~④に向かって高次元になっていきます。まずはこの機能を理解するとともに今あるマニュアルが各目的を果たしているか確認するとよいでしょう。この4つの機能を備えたマニュアルを管理していくことがこれからのマニュアル経営において重要です。

図1-1　マニュアルが持つ４つの機能（高次元の順番）

ベストパフォーマーを作る

・作業者の実力がわかるようにレベル分けする
・職場にいるベストパフォーマーのスキルを明文化する

基準を守るようにするための行動がわかる

・作業の要所が明記されている
・例外や例外への対応事例が載っている
・チェックリストなど作業を評価できるツールがある

業務そのもの、業務上の判断基準を作る

・意思決定するポイントとその考え方がはっきりしている
・業務の完了用件が明記されている

業務を見えるようにする

・業務の考え方、行動、成果物がはっきりしている
・はっきりしたものが絵や動画でわかりやすく示されている

03 見直しがもたらす3つの効果

ここまで述べてきたように、従業員1人当たり業務量増加、正社員の役割変化、タブレット端末などの新しいビジネスツールの登場により、マニュアルを見直す必要性が高まっています。このような外部環境へ即した形へと変化させるだけでなく、マニュアルの見直しは次の3つのような成果をもたらすことが知られています。

① 生産性の向上

マニュアルが見直されていない場合、既存の業務とマニュアルが異なる場合や、最良のやり方が載っていない場合があります。マニュアルを見直すことによって既存の業務における最良のやり方を設定するため作業の生産性が上がります。

② 品質の向上

今まで曖昧だった業務の意志決定のポイントがはっきりするため、手順を間違えることなく業務を遂行できるようになります。また、例外への対応やフォーマットなども整備されるため、業務の品質が向上します。

③ 組織の活性化

マニュアルを見直すことにより既存の業務が見えるようになります。業務が見えることによって、他のメンバーと各自の業務について議論することが簡単になります。マニュアルを起点とした議論が行われるようになるため、経験に基づいた議論からマニュアルにある事実を確認しながら「これからどうするべきか？」という議論を行うようになります。

ぜひ、本書を読み進めてもらいマニュアルの見直し方を身につけるとともに、自社の業務にあったマニュアルへと見直しを行いましょう。

図1-2　マニュアル見直しによる３段階の効果

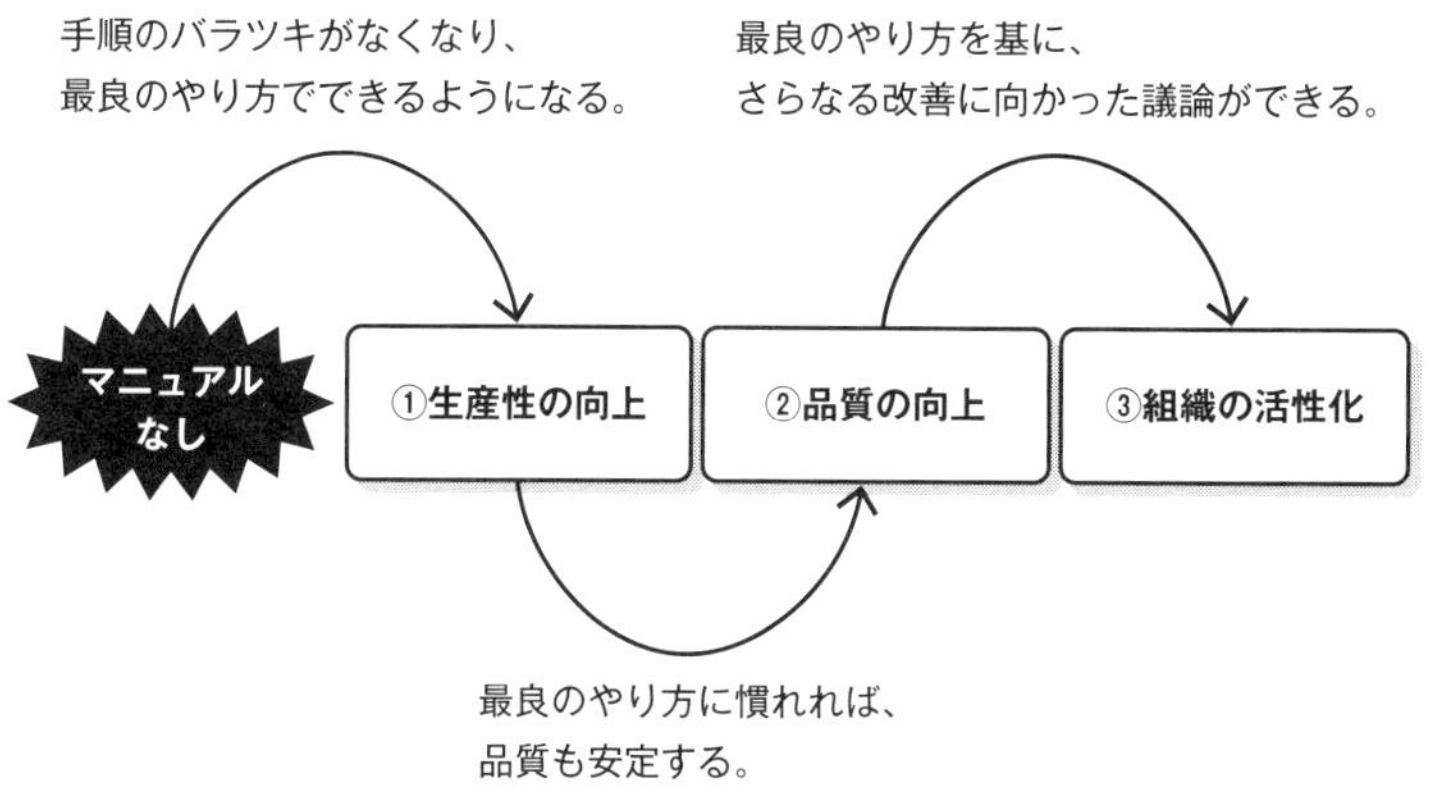
手順のバラツキがなくなり、
最良のやり方でできるようになる。
最良のやり方を基に、
さらなる改善に向かった議論ができる。
マニュアルなし
①生産性の向上
②品質の向上
③組織の活性化
最良のやり方に慣れれば、
品質も安定する。

第2章

使われるマニュアルにつくり直そう

Story 2

なぜお店は変われないのか？

ガコン
ハジメ先輩からだわ
メールも来てる
ポン
さすが先輩対応が早いわ

差出人：松岡 ハジメ
大島 カンナ さま
昨日話した マニュアル作りの オススメ参考書類を 添付します
松岡
あと 数冊だけど 本も送ったので 見ておいてな
マニュアルの 作り方
先輩 感謝です

そっか…
プルルル
プルルル
もしもし？
ハジメ先輩
カンナ
送った資料は
役に立ってる？
はいっ
最初に作った
マニュアルの
問題点が
わかりました
わかったのなら
言ってごらん

はい
足りなかった
ことは
『見直すこと』
です
バイトの女の子が
マニュアルを読んで
くれなくて、
当然仕事もできっこない
私はそれで
落ち込む
のではなく
『どうやったら
読んでもらえる
のか』を
考えること

気が付いた
ようだね！
決してカンナが
最初に作った
マニュアルがダメ
だったわけじゃなく
いくら自分で
完璧なものが
できたと思っても
最初に作ったモノは
『叩き台』に
すぎない
マニュアルを
作るという儀式を
終えただけでは
責任は果たせてない
『ビジュアル』
『形式』
『構成』
…それらを
読んだ人たちの
反響や意見を
取り入れながら
『役に立つマニュアル』に
更新していく
そんな
アフター作業こそが
大切なんだ

あんなに
しっかり作られていた
上野店のマニュアルが
ホコリをかぶってたのは
ピッ
作り終わって
そのままにした
からだったのね…
マニュアルは
作成して
満足してはいけない
業務内容の
変化に合わせて
見直すべきである
業務手順
業務要領
例外処理を
見直し
マニュアルを
使いやすいように

わかりやすく
探しやすく
更新していくことが必要
これをハジメ先輩から学びました
翌日

ではご注文を繰り返します
以上でよろしいでしょうか
木下 奈々
アルバイト歴8カ月
はい
武川レベッカ
アルバイト歴6年
失礼します
はい ここね

いま私がわざとやってみせたのだけれど
こうしてメニューをテーブルに置いたままのお客様は多いので
食事を運んだときに邪魔になりそうだったら
先にさりげなくメニューをたたんでテーブル脇に戻します
これだと動作も本当に自然です
ニ
奈々ちゃんのように本を読むのが苦手な人には
パシャ
パシャ
実際にシミュレーションしたりマニュアルにも文章だけでなく画像などをはめ込んだりすれば
きっと見てくれるようになるわ

開店から
1カ月
お客様が
増えてきました
それでも
まだまだノルマには
足りないのですが
いいなあ
武川さん

仕事もできるし
英語もできるし
あたし外国人のお客様が来たら何にもできないですもの
そのことで武川さんに相談なんですけど
いまはホール裏に英語での応対方法が貼ってあるだけじゃないですか

でもこれでは
話すのも難しいです
聞き取る力が
なければ結局は
ムダに終わって
しまうんですよね
なので日常だけでも
実践シミュレーションを
したいのですが
よかった
ありがとう
ございます
いいことだと
思うわ
私
協力するわよ

このカツサンド
大森さんだ
寸分違わぬ
切り方や並べ方……
一目でわかるわ
これは
大森さんじゃ
ないな
野菜の
並べ方が甘い
うーん…
一応
すべて合格点
なんだけれど
マニュアル通りに
やっても
最後のひと手間で
美味しそうに
見えるかが
全然違ってる

…という感じで
簡単な英会話シミュレーションの時間を
勤務時間中に設けようと思うんですよ
うんいいんじゃないの
あと…なんですけど
うん？
厨房のマニュアルにレシピの盛り付け後の画像を入れる以外にも
作り方を画像にしたいんです
30品全部？
はい！

何枚ぐらい撮るの？
まあ1品につき5～6枚とし
150～200枚ですから
多く見て300画像ぐらいは
そうかぁ…
まあ大島が言うなら手伝うけどさ……
ぜひ！
全員が大森さんの作る水準に合わせられます
ふう

それ全部…
マニュアルに書いておく必要あるのかな……
え どうしたんですか急に
もっと初歩的なことに絞ったほうがいいと思うんだ
下積みの苦労から逃げることにならない？
そ…それは

厨房は
ホールと違って
お客さんも
来ないから
ずっと同じ空間
そこは上下関係が
あるから秩序が
保たれてるんだよ
生意気な人間は
先輩から教えて
もらえない
こうして
ただ知識を
身につける
だけじゃなく
手際ひとつ
レシピひとつ
学ぶために
頭の下げ方やら
マナーを磨く面も
あるんだ
この知識と手際は
俺たち料理人の
切り札だよ
そこまで
マニュアルに記せば
秩序が壊れてしまう

言ってることが
おかしいです
人によって出る
『製品の差』を
なくすのがマニュアル
なんですよ
昔の職場は暴言とか
イジメとか…
普通にあって
ヤメていく同僚もいたなか
自分はひたすら我慢して
苦労も
してない新人に
知られるのは
あれほど苦労して
手に入れた俺の
すべてを
俺
嫌だよ

出来上がりが載っていればマニュアルはそこでいいだろう
この人は…職人なんだ
弟子には受け継がせたいけれど
一般には広めたくない
そんな気質が働いてるんだわ
――なんてコトに…
聖域に足を踏み入れてしまったみたいだな

誰でも
触れられたくない
部分はあるから
でも
そういった
熟練と新人の差を
埋めることこそが
マニュアルの役割じゃ
ないですか
ハジメ先輩
今後はその店長と
どう付き合って
いけばいいんだろう
うーん…
僕ももう少し
考えてみるよ
はい
その日も
長電話になって
しまいました

01 活用されるマニュアルにする3つのチェックポイント

マニュアルを見直したとしても、活用されなければ意味がないわけですが、「活用される」マニュアルにするには、次の3つの原則が欠かせません。皆さんが利用している業務マニュアルを見直す緊急度はどれくらいか気付くためにも一度チェックしてみましょう。

□ 現在のマニュアルは当初想定した目的や活用シーンに合っているか

マニュアルを見直すにあたり、「なぜマニュアルを作成するのか」、あらためて目的を明確にすることが重要です。外部審査がありマニュアルが形の上で必要だった、といった活用の目的が不明確なまま、とりあえずマニュアルを作成することも少なくありません。何のために、誰が、いつ、どうやって使うのかを明確にする必要があります。ただ誰にでもわかりやすいマニュアルというのは難しく、使い手の活用シーンを想定し、利用者を限定していくことでマニュアルの活用度が向上していきます。「誰にでもわかりやすい」を目指すと、結局、誰にも中途半端でわかりにくいマニュアルになってしまいます。

□ わかりにくくないか、探しにくくないか、更新しにくくないか

「何が書いているかわからない」「マニュアルがあったんですか?」「更新の仕方がわからない」といった言葉を聞いたことはないでしょうか。マニュアルで重要なことは、利用者によって解釈が異なることをなくし、しっかりと頭に入るように、構成とフォーマットの統一、用語の統一、ビジュアル化などの工夫をすることです。困ったらすぐに探せるように、利用者にわかりやすい業務の体系化や内容構成の工夫が重要です。業務内容が変更された際は、柔軟に内容を更新できる工夫も必要です。

□ 理解・活用してもらうための「仕掛け」を怠っていないか

マニュアルは必要なとき、使いたい人が勝手に見るだろうと思っていませんか。日々の業務の中でマニュアルを活用できるシーンはたくさんあります。業務変更時、前のマニュアルとの相違点の明示、業務量調査を行うときの業務棚卸、業務改善のミーティング、仕事全体の流れをつかむ、など積極的にマニュアルの露出頻度を増やす「仕掛け」をし、「廃れさせず」「お役立ち感」を演出することが重要です。

02 マニュアル見直しの3つの方向性

実際に使いこなされるマニュアルにしていくにあたっては、見直すべき方向性は３つあり、どれが欠けてもいけません。

① 内容構成を補完する取り組み

業務マニュアルを構成する主な内容は業務手順、業務要領（コツ）、例外処理とチェックリストです。業務要領と例外処理とチェックリストが抜けがちになるので注意が必要です。

② 理解しやすさと探しやすさ向上の取り組み

使用者がわかりやすく、探しやすいマニュアルにするために、表現上の体裁やインデックスを整えていく必要があります。

③ 更新を容易にする取り組み

更新されるマニュアルにするためには、使用者が更新しやすくし、作成したマニュアルが放置されないように更新タイミングを明確化する必要があります。

以降から、マニュアルの見直しの11のステップを紹介していきます。

図2-1　マニュアル見直しの重点ポイント

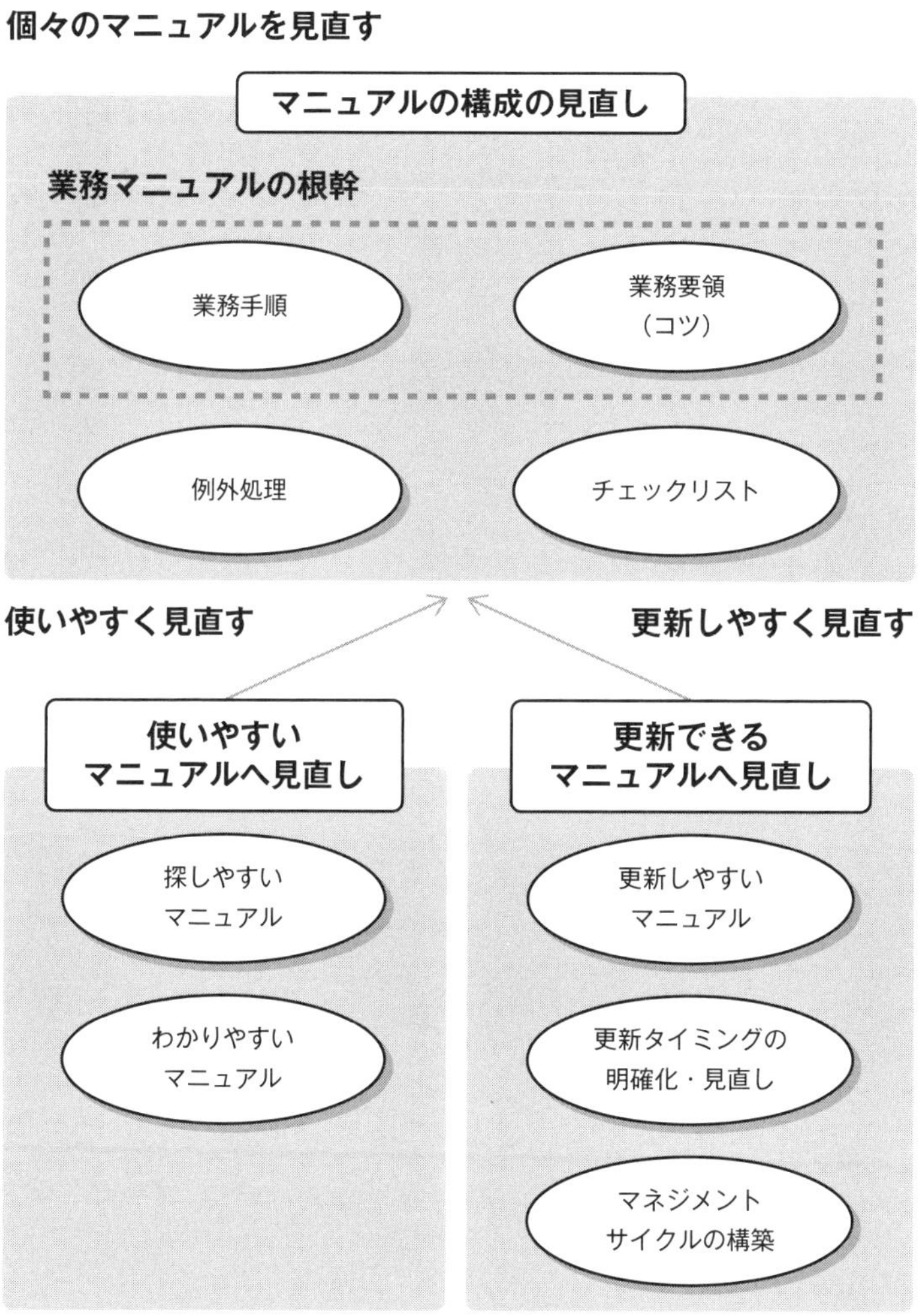

ステップ1

業務手順の有無を確認する

マニュアルには「会社が手本・模範として最もよいと定めた業務の手順（標準手順）」を記載すべきです。「最もよい」とは、最善の手順を追求することではありません。たとえば、業務品質を追求するならば、検査を何度も行い、不良品を出さないような取り組みをするはずです。しかし、検査を繰り返すと検査コストが高くなり、商品の価格アップにつながってしまいます。業務手順を定めるときには、業務品質と効率（コスト）とのバランスを取ることが必要となります。最終的にはその会社の考え方にもとづいて判断することが重要です。つまり、「最もよい」業務手順とは、「コストと品質のバランスがとれていて、会社が現時点で最もよいと判断した手順」ということになります。

売上拡大に伴う業務量の増加、品質基準の変化など、会社の状況は変化しているはずです。前任者から引き継いだときから業務手順が変わっていない、など、見直された形跡がない場合は「現時点では最もよい手順とはいえない」可能性があります。業務品質、効率、個人情報保護、業務上の安全などを踏まえ、業務手順を見直してください。

図2-2 標準手順と事業環境の変化

標準手順とは会社が手本・模範として最もよいと定めた業務の手順

業務品質	効率	個人情報保護
環境上の配慮	環境上の配慮	労働者の変化（高齢化など）

すべての面を考慮して最も優れている業務手順を定めたが……

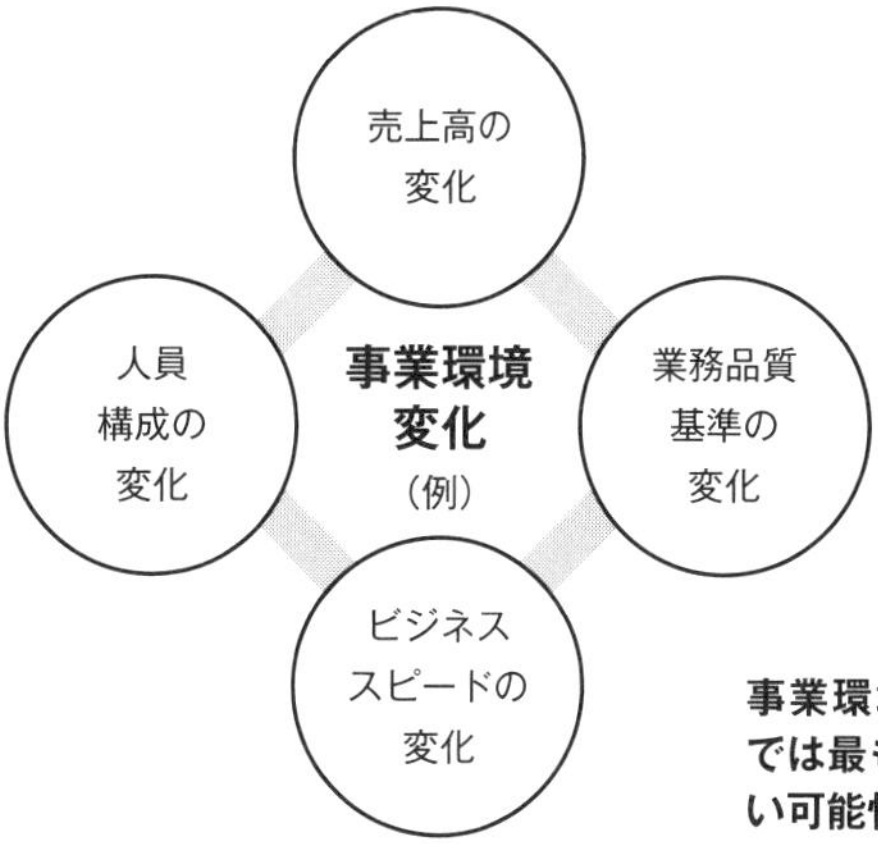

事業環境が変化し、「現時点では最もよい手順とはいえない可能性がある

再度、業務品質、効率、個人情報保護などすべての面を考慮した、業務手順に見直す必要がある

ステップ2 業務手順を作成・改訂する

業務手順の見直しは、次の4つのポイントをチェックします。

① 業務の範囲が変わっていないか

見直すマニュアルの対象業務の範囲を再度確認します。一部の業務が他部門へ移管されるケースがあります。他部門との境目を明確にし対象の業務範囲を明らかにしていきます。

② インプットとアウトプットが明確になっているか

対象業務のインプットとアウトプットが明確になっているかを確認します。その業務を行うために必要なインプットとは何か、その業務を行うことで何がアウトプットされるのか、具体的な表現で整理します。業務のインプットとアウトプットが明確になれば、対象業務は何をする業務なのか、おのずとはっきりします。

③ 実施すべき項目がインプットからアウトプットへとつながっているか

インプットからアウトプットへ変換するために、やるべきすべての作業項目を抽出できているかを確認します。製造職場であれば安全面での視点、事務職場であれば個人情報保護の視点や不正を起こさせない牽制の視点などを十分に考慮します。品質を確保するためとはいえ、工程間に何度も検査を入れ、検査項目や検査箇所が重複していることがあります。あくまでも最低限必要な作業項目を抽出することが重要です。

④ 最も効率的と考えられる業務の流れになっているか（手順の見直し）

効率を重視し、改善案を検討する気持ちで、業務手順を見直すことが重要です。たとえば、手順を入れ替えることで、「動きが最も少なくなるようにする」とか、使用していないシステム入力項目を画面上から排除し、「操作画面が最小限になるようにする」という視点です。順序づけができれば、これが新たな標準手順になります。

図2-3　マニュアル見直しに有効なインプット・アウトプット発想

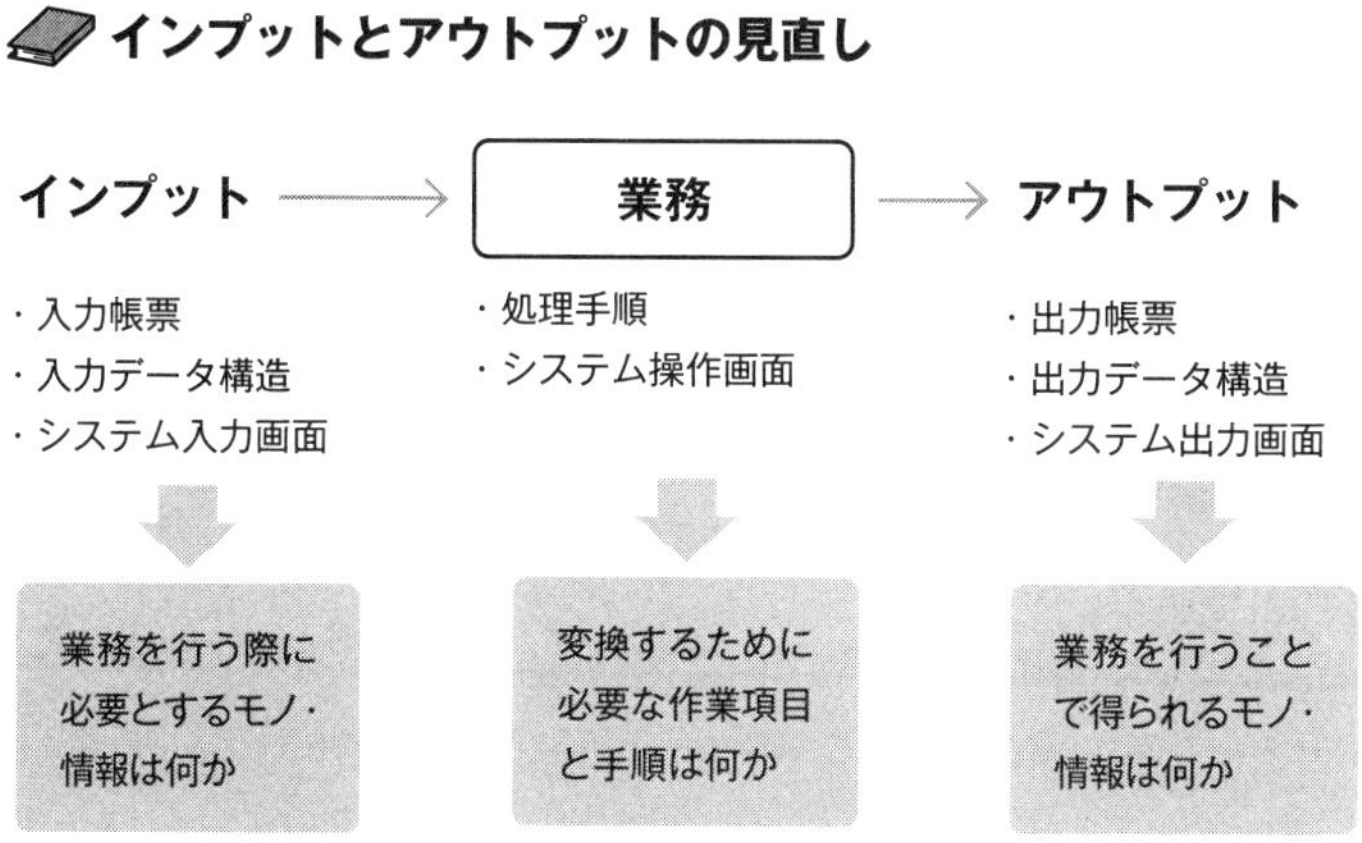

ステップ3 業務要領の有無を確認する

業務手順を見直して、業務の流れが最新状態になっても、よりよい業務遂行はできません。そのためには新たな手順に沿った、業務要領（コツ）を加筆・修正することが必要です。コンサルティング先の企業のマニュアルを見せてもらうと、業務手順の解説部分は充実しているのですが、業務要領が書かれていないマニュアルが驚くほどあります。手順をビジュアルに表現し、完成したら終わりにする傾向があります。ミスを発生させないため、効率的に行うため、よりよいサービスを実現するため、情報流出を起こさないためにどのような場面で、どんなことに留意しながら業務を行ったらよいのかということを知り、実務でも実践できるようにしなければなりません。実務担当者が実務を行っている際に留意しなければならないことが業務要領であり、業務をうまく行うためのコツなのです。

業務要領は、「業務をうまく行うためのコツ」であり、「組織としてのノウハウ」なのです。ですから、マニュアルに業務要領をしっかりとまとめることが非常に重要なことだと認識しましょう。

図2-4　業務要領（コツ）見直しのポイント

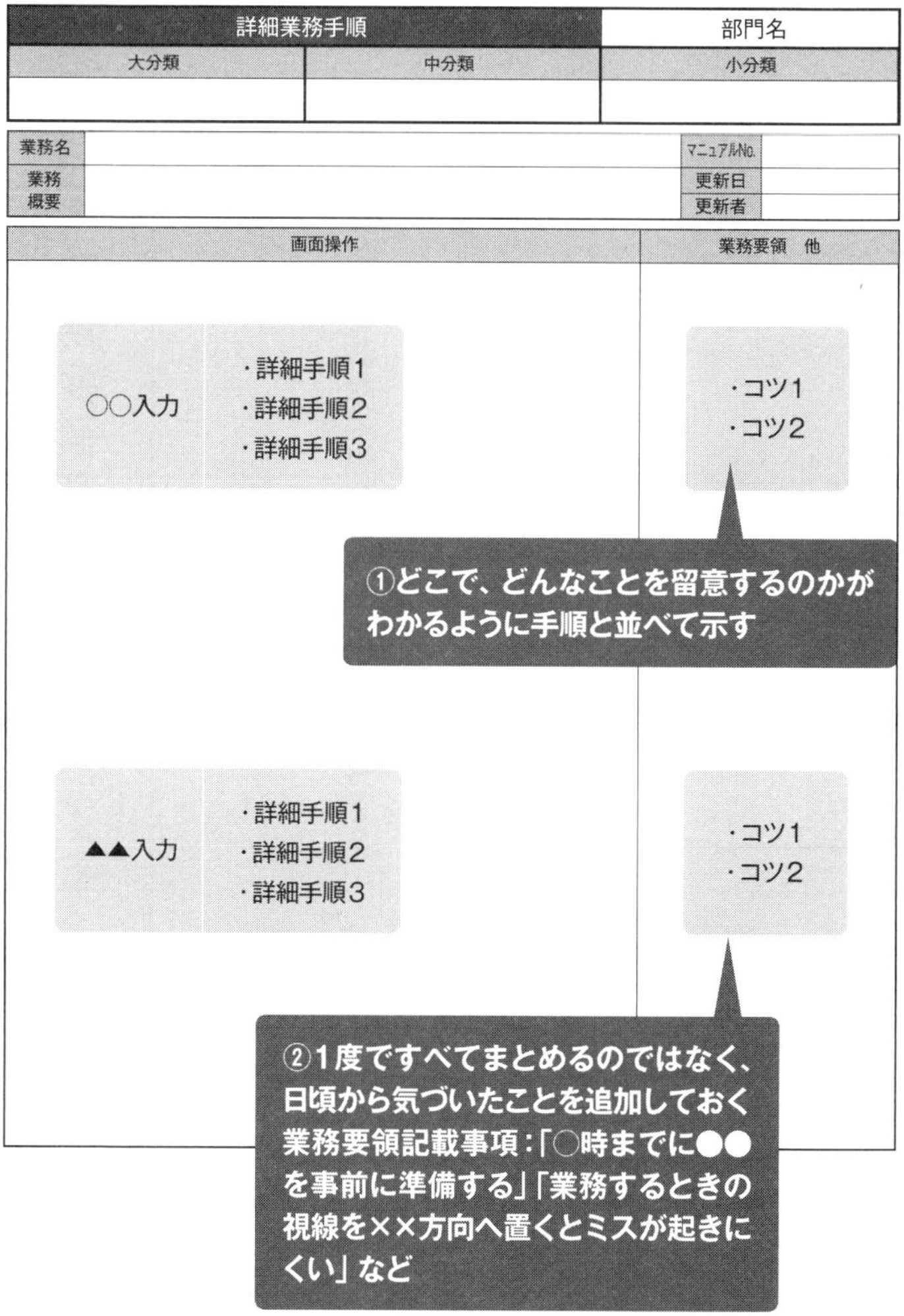

詳細業務手順
部門名
大分類
中分類
小分類
業務名
マニュアルNo.
業務概要
更新日
更新者
画面操作
業務要領　他
○○入力
・詳細手順1
・詳細手順2
・詳細手順3
・コツ1
・コツ2
①どこで、どんなことを留意するのかがわかるように手順と並べて示す
▲▲入力
・詳細手順1
・詳細手順2
・詳細手順3
・コツ1
・コツ2
②1度ですべてまとめるのではなく、日頃から気づいたことを追加しておく
業務要領記載事項：「○時までに●●を事前に準備する」「業務するときの視線を××方向へ置くとミスが起きにくい」など

ステップ4 業務要領を作成・改訂する

業務要領は洗い出し方を工夫する必要があり、次の3つの方法で整理します。

① ベテラン担当者と一般的な担当者の違いを比較研究する

同じ業務を行っている実務担当者がいる場合には、複数の実務担当者に対象の業務を順番に行ってもらい、それぞれの担当者のやり方の違いを見つけて、違いの理由を確認していくのが有効です。ベテラン担当者と一般的な担当者では、2倍以上の効率差があることも珍しくありません。業務手順や方法を分析、比較し、具体的にどの作業で効率に違いが発生しているのかを明らかにします。

製造現場や事務作業であれば、時間分析や動作分析を行うことが有効です。動作や作業時間に違いがある実施事項の差が、業務要領（コツ）になります。ただし、業務要領は実際に差が出る作業にあるのではなく、前段階に行っている確認や判断の部分に隠されていることがあるので、次に紹介する方法と合わせて実施することが必要です。

②ベテラン担当者に確認する

実際に対象とする業務を行っているベテランの実務担当者に確認する方法です。しかし、「業務要領を教えてほしい」と言われても、実務担当者にとっては日常的に行っている業務なので、うまく回答できないことが多いようです。業務要領を訊き出すには、業務を実際に行ってもらい、それを観測しながら、気になる点を「なぜ、そのようにやっているのか」と訊くなどの工夫が必要です。そして、比較研究した結果を活用すると、インタビューしやすくなります。実務担当者にとっては無意識で行っていることでも、非常に大切な業務要領が引き出せる可能性が高まります。

③管轄部門に確認する

品質保証、CS、ISO対応、SOX法対応、個人情報保護、法務など専門的に全社展開を行っている部門、担当者がいる場合には作成中のマニュアルをそれぞれの専門的な視点でチェックしてもらうとよいでしょう。たとえば、「お金を扱う業務では不正を発生させないために第三者の目でチェックが入るようにしなければならない」とか、「顧客の個人情報を含むデータベースの管理は会社の認定を受けた人しか行わない」など専門的な視点でマニュアルに漏れがないかを確認してもらいましょう。

ステップ5
例外処理を作成・改訂する

例外処理とは、「対象業務をある程度できる人でも留意しなければならない、特別な対応が求められる処理」「標準手順、標準ルールをまとめたマニュアルには記載されていない特別な対応が求められる業務処理」をいいます。業務を行なう担当者にとっては「当たり前でなく標準的でもないと感じる業務処理」のことです。一般的な顧客対応を考えた際、重要な顧客であるからこそ特別対応をしているので、従業員も「ミスは決して許されない」と自覚しています。しかしながら、オフィス業務の場合にはさまざまなパターンがあるのでどれが例外処理なのかを区分するのは難しいものです。また過去に例外処理だったものが、通常パターンに変わっている場合もあります。通常パターンの業務になったものは、標準マニュアルとして整備し直していきます。

例外処理を見直しするときは、例外処理を作成する手順と同じやり方で行います。まず、対象となる業務手順をまとめたものや関連した規則などを再度確認しておきます。その上で業務に詳しい人、ある程度の経験を持つ人を集めて、「特別な処理が必要なパターンは何か」を議論する場をセッティングします。議論を通じて「意識をして取り組まないとミスを犯してしまう危険性のある特別な処理」をすべて洗い出すようにします。特別な処理が必要な顧客、サービス、契約、時期、がないかという視点で業務をチェックしていきます。ベテランにとっては例外的な処理も当たり前になっているので、経験の浅い人がそれを聞き出すように議論を進めるとよいでしょう。

実務を行っている人が、「これは例外的な処理が必要なパターンだ」と気付くようなマニュアルにすることが重要です。このため気付きにつながる例外処理の名称を付けるとよいでしょう。内容については「なぜ、そのような例外が発生したのか」「対象や期間はどうなのか」「どのような対応をするのか」という項目をまとめます。標準的な作業ができる人を前提としますので、それほど詳しく内容を書く必要はなく、できれば1ページに収まるようにします。重要なのは、標準処理と比較して留意点がすぐに伝わるようにまとめることです。

一度の議論ではすべての例外処理を洗い出すことは難しいので、日常業務を通じて、「こんなパターン処理があった」などと、特別だと思われる処理を行い、気付いた時に関係者と協議したうえで例外処理対応の解説書に追加していくことも必要となります。

ステップ6

チェックリストを作成する

チェックリストの目的は、「うっかり忘れ」を防ぎ、確実にマニュアル通りに実施させるためのものです。マニュアルに書かれている内容を「徹底させる」ためのツールであり、マニュアルの補完的な位置付けとなります。したがって、マニュアルを改訂すると、チェックリストも改訂しなければなりません。見直しの観点は次の通りです。

・チェックリストはマニュアルをもとに、実施すべき項目が適切な順序で示されているか
・項目を実施したら、実施済みチェックができるようになっているか
・作業者がチェックしやすいように、ミスなく、簡便に行えるものになっているか
・管理者や指導する立場の人が、指導対象者の実務の実施状況を評価できるようなチェックリストを整備しているか。また、チェックリストを活用した定期的なマネジメントの仕組みがあるか

マニュアルには何も記入されていないチェックリストと記入例を掲載しておき、未記入チェックリストをコピーして実務の中で使用します。

図2-5 チェックリスト見直しのポイント

チェックリストのねらい

ねらい	使用する人
実行すべき項目の 確実な実施 （業務ミス発生の回避）	業務の担当者
実行すべき項目の 実施状況の把握 （監査・指導／育成・評価）	管理者 指導担当 監査担当

マニュアルとともにチェックリストも更新するべし

チェックリストの見直し観点

- ☑ チェックリストはマニュアルをもとに、実施すべき項目が適切な順序で示されているか
- ☑ 項目を実施したら、実施済みチェックができるようになっているか
- ☑ 作業者がチェックしやすいように、ミスなく、簡便で行えるものになっているか
- ☑ 管理者や指導する立場の人が、指導対象者の実務の実施状況を評価できるようなチェックリストを整備しているか。また、チェックリストを活用した定期的なマネジメントの仕組みがあるか

ステップ7

理解しやすさの向上を図る

わかりやすいマニュアルにするためのキーワードは、「見る気にさせるマニュアルづくり」です。ポイントは、「マニュアルの見た目の印象をよくして、見る気にさせること」「短時間で正しく理解できるようにすること」です。

① マニュアルの構成とフォーマットが統一されているか

業務別に手順と留意点が説明され、その後に作成する帳票の形式説明が書かれているというように構成が統一されていると書かれている内容が想定できます。

② 使用する用語が統一されているか（用語も更新されているか）

同じ帳票をいろいろな人が別の名前で呼んでいるケースは少なくありません。マニュアル作成時には帳票の呼び名をはじめ、システム名などの用語の統一を図りましょう。

③ 読み手が見やすいようにビジュアル面で配慮して作成されているか

できれば文章を読まずに理解できるようにする工夫が重要です。絵、図、表を効果的に取り入れ、伝えるべきことがひと目で理解できるように工夫しましょう。

図2-6　わかりやすいマニュアルへの見直しポイント

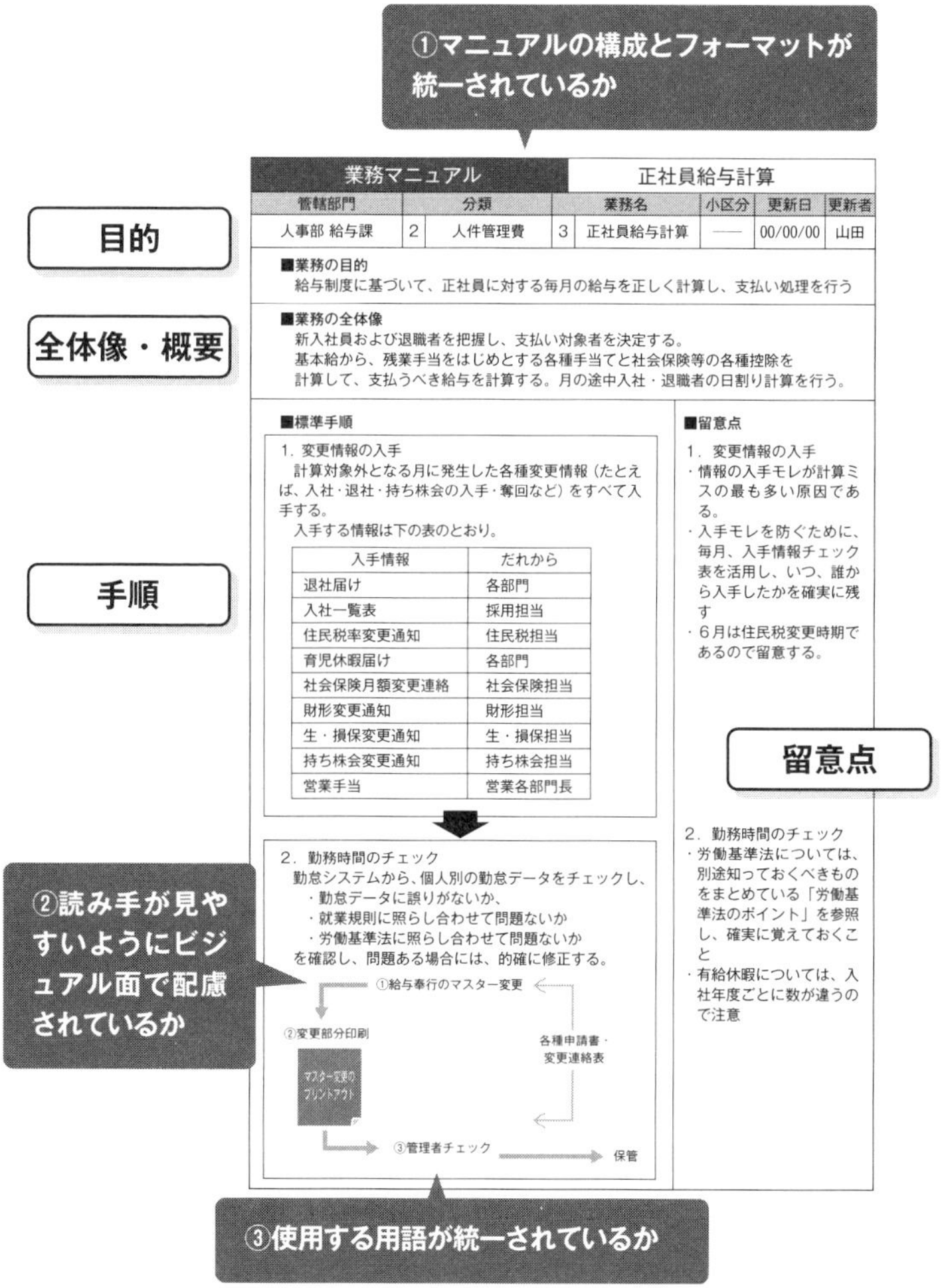
①マニュアルの構成とフォーマットが統一されているか
業務マニュアル
正社員給与計算
管轄部門
分類
業務名
小区分
更新日
更新者
人事部 給与課
2
人件管理費
3
正社員給与計算
──
00/00/00
山田
目的
■業務の目的
給与制度に基づいて、正社員に対する毎月の給与を正しく計算し、支払い処理を行う
全体像・概要
■業務の全体像
新入社員および退職者を把握し、支払い対象者を決定する。

基本給から、残業手当をはじめとする各種手当てと社会保険等の各種控除を計算して、支払うべき給与を計算する。月の途中入社・退職者の日割り計算を行う。

手順
■標準手順
1．変更情報の入手
計算対象外となる月に発生した各種変更情報（たとえば、入社・退社・持ち株会の入手・奪回など）をすべて入手する。
入手する情報は下の表のとおり。
入手情報　だれから
退社届け　各部門
入社一覧表　採用担当
住民税率変更通知　住民税担当
育児休暇届け　各部門
社会保険月額変更連絡　社会保険担当
財形変更通知　財形担当
生・損保変更通知　生・損保担当
持ち株会変更通知　持ち株会担当
営業手当　営業各部門長
2．勤務時間のチェック
勤怠システムから、個人別の勤怠データをチェックし、
・勤怠データに誤りがないか、
・就業規則に照らし合わせて問題ないか
・労働基準法に照らし合わせて問題ないか
を確認し、問題ある場合には、的確に修正する。
①給与奉行のマスター変更
②変更部分印刷
マスター変更のプリントアウト
各種申請書・変更連絡表
③管理者チェック
保管
■留意点
1．変更情報の入手
・情報の入手モレが計算ミスの最も多い原因である。
・入手モレを防ぐために、毎月、入手情報チェック表を活用し、いつ、誰から入手したかを確実に残す
・6月は住民税変更時期であるので留意する。
留意点
2．勤務時間のチェック
・労働基準法については、別途知っておくべきものをまとめている「労働基準法のポイント」を参照し、確実に覚えておくこと
・有給休暇については、入社年度ごとに数が違うので注意
②読み手が見やすいようにビジュアル面で配慮されているか
③使用する用語が統一されているか

ステップ8 探しやすさの向上を図る

マニュアルの量が増えてくると、探す手間がかかるようになります。マニュアルがどこに保管されているか、目的のページはどこか、知りたい情報がどこに書かれているかがわからなければ、利用したい人も諦めてマニュアルを見ることがなくなります。探せるマニュアルに見直すためには、知りたい情報を探しやすくするためには、活用する人にとって、どのあたりにあるのかが推測できるように、一定の法則を持たせることが重要です。

① 業務の体系化ができているか

業務の体系化ができていなければ、業務の一覧表を作成し、マニュアルのファイル名やマニュアルの目次を更新すべきです。業務の体系的な整理とは、ある部門で行っている業務はどのようなものがあり、それぞれの業務の範囲はどこからどこまでをいうのかを明確にしておくということです。この業務の一覧表をしっかりと作成しておけば、一覧表からどの業務のマニュアルがどこにあるかが推測できるようになります。すでに業務の一覧表があれば、マニュアルに合わせて一覧表も更新し、最新状態にしておく必要があります。

②　マニュアル内の構成とフォーマットは統一されているか

前項でも説明したように、業務ごとに解説するものの構成が統一されていなければわかりにくくなるだけでなく、探しにくくなります。誰が見てもわかりやすく整理されていると、誰でもが探しやすくなることにつながります。業務ごとに解説する項目を統一し、フォーマットも同じもので作成するようにしましょう。

③　マニュアルの全体構成とファイルの保管場所の構成表をつくる

マニュアルの全体構成（業務分掌）とファイルの保管場所がリンクしていると、誰でも探せ、アクセスすることができます。またマニュアルごとにどのような項目が解説されているのかを示す構成表を作成し、どのような業務の解説が、どこに書かれているか、項目の順番はどのようになっているのかなどが一見してわかるようにします。項目別に記載されているページを示せば、それが「目次」になります。最初は手間に感じるかもしれませんが、一度作成すれば更新するだけなので、後で楽になります。

ステップ9

更新しやすさの向上を図る

マニュアルの更新は定期的、あるいは都度行わなければなりませんが、更新作業そのものに多くの手間がかかってしまうと、また使われないマニュアルに逆戻りしてしまいます。マニュアルを簡単に更新できるようにするためには、作成者だけでなく、実務を行っている人でも気軽に更新できるような配慮が重要となってきます。

① 統一された標準マニュアルフォーマットは整備されているか

これまでに説明してきた、業務目的、インプット／アウトプット、業務手順、業務要領などが備わったフォーマットを整備することが重要です。フォーマットを統一しておくことでマニュアルの作成者でなくても、どこに何を書くべきかを判断しやすくなり、更新しやすくなります。

② 必要以上に凝りすぎて、芸術作品のようになっていないか

あまりにもビジュアルを追求しすぎてしまうと、ビジュアル化が得意でない人が更新しにくくなります。今後の更新の可能性を考慮して、あまり凝りすぎないことも大切です。

③ 更新は紙ではなく、データで管理しているか

紙をベースとしたマニュアルでの内容更新は、赤ペンで修正をする程度しかできず、写真などの変更がしにくくなります。印刷物としてアウトプットするのはよいのですが、更新はデータで行います。更新しやすいマニュアルは、データで管理し、データ内容、保存場所が誰でもわかる状態にしておく必要があります。

④ 誰でも使えるソフトで作成しているか

マニュアル作成者以外の人でもマニュアルを更新できるようにするためには、多くの人が使えるソフト（Word、Excel、PowerPoint）でマニュアルを作成しておくことが重要です。

⑤ ページ振りを工夫しているか

作成したマニュアルに1から通しでページ振りをしてしまうと、ページの追加・削除が発生した時、以降すべてのページの修正が必要になります。ファイルごと、業務ごとに区分できるように、たとえば「人事―3―2―4」といったページ振りをすると、ページの追加や削除の影響を受ける範囲を最小限に抑えることができます。

ステップ10

更新タイミングを明確化する

マニュアルを作成・見直しするときには作成・見直しの担当者が作成状況を管理してくれます。しかし、いったんマニュアルが完成するとそれぞれの部門でマニュアルを管理していかなければならないのが一般的です。残念ながら、マニュアル更新のタイミングが明確になっている企業は少なく、新しい業務が増えてもマニュアルは作成しないままで、業務が変わってもマニュアルが更新されないことがしばしばあります。大切なことは、いつ更新をしなければならないのかを知っておくことと、会社・部門の年次業務として組み込み、活用度の評価とともにマニュアルのあり方や活用方法を見直すことが重要です。

① 業務のやり方を見直すべきときに更新する

業務のやり方が変わる時や新しい業務が増える時はマニュアルを更新していくことが必要です。具体的には次のようなタイミングです。

a. 製品・サービスの変更：新製品・新サービスの投入、一部変更、廃止

b. 業務で使用する設備の更新：生産現場の場合は生産設備や治工具などの更新、事務系

の場合は業務システム、帳票などの更新

c．外部要求の変化：顧客からの要望への対応、関連法令などの変更による対応、外部監査での指摘事項対応

d．内部要求の変化：社内方針の変更、関連部門からの要求への対応

e．業務改善：部門内での業務改善

②マニュアルの更新の必要性に気付いたとき

業務のやり方は変化しなくても、次のタイミングでマニュアルを更新しなければなりません。

a．マニュアル上の間違いに気付いたとき：業務手順や業務要領などの記載内容に誤りがあったとき、更新されていないことに気付いたとき

b．マニュアルに加えるべきことに気付いたとき：もっとうまくやるためのコツ、例外処理などの追加が必要だと気付いたとき

③定期的なマニュアル維持管理サイクル

年1回、部門ごとでマニュアルの活用度と活用の問題点と対策を振り返る場を設けることが重要です。当初設定した目的に応じたマニュアル活用ができているか、維持管理するためのマネジメントサイクルの仕組み化と運用が必要です。

ステップ11

更新担当者を選定する

直面しがたい事実ですが、マニュアルを進んで更新しようとする人は、めったにいません。だからこそ、組織的に活用状況の振り返りの場と更新体制、ルールを決めておくことが必要となります。活用状況の振り返りでは、想定した目的を果たすツールになっているかどうかを確認します。マニュアル更新のための体制としては、課または係といった部門ごとに1名のマニュアル管理責任者を選定するとともに、業務別の更新担当者を決めておきます。このマニュアル更新担当者には、その業務に詳しい人を選定します。マニュアル更新ルールには大きく「随時更新」と「定期更新」の2つがあります。

① 随時更新：業務のやり方が変わったときや更新の必要性に気付いたときに随時更新していくことです。随時更新の基本は、更新担当者が確実にマニュアルを更新し、マニュアル管理責任者に報告します。更新を忘れた場合は、更新担当者の責任です。他の人が更新担当者より先に気付いた場合には更新担当者と管理責任者にそのことを伝え、マニュアルが確実に更新されるようにします。管理責任者はマニュアルが更新さ

れたかをフォローすることが必要です。

②定期更新：1年または2年といったタイミングで定期的にマニュアルの内容を総点検し、最新の内容になるように更新します。随時更新で確実にマニュアルが更新されることが理想ですが、実際にはモレが生じます。それを補うのが定期更新のねらいです。定期更新はマニュアル管理責任者が活動の統括的な立場となって、各業務の更新担当者にマニュアル内容の総点検と更新をしてもらうことになります。

随時更新で、マニュアルの更新の必要性に気付くためには、半期に一度は部門のメンバー全員でマニュアルを活用しながら業務のやり方を詳細に確認し、同時にもっとよいやり方はないのか議論する時間を設ける手があります。その議論の場ではマニュアルとは違ったやり方をしている人を見つけ、その人のやり方がよいやり方なのかを議論します。その人のやり方がマニュアルに書かれているやり方よりもよいものでなければ、その人のやり方を直していきます。

このほか、実務を行っていて「これはみんなで共有したほうがよい」と感じる場面があります。いわゆる成功体験、失敗体験などです。このようなことを感じた場合には、すべてマニュアルに反映するようなルールをつくることも必要でしょう。

第3章

マニュアルを電子化する７つの手順

最初に作成したマニュアルを用いたとき
現場で目についた出来事を取り入れた現在最適だと思える内容に更新した業務マニュアルが完成しました
Story 3
料理の盛り付けにITを加えると？
ホール接客マニュアル
厨房マニュアル
事務など、その他マニュアル
レストラン・喫茶メリーランド業務マニュアル
1 ホール接客マニュアル
もちろんこれでマニュアル作りが終了というわけではなく
この先も新たに事項が加えられたり加筆されていきます
レストラン・喫茶メリーランド業務マニュアル

奈々ちゃん振る舞いがとても変わった！

大島さん私の接客どうでした？
かなり良くなったよ
聞いてくださいよ私
マニュアルちゃんと読んだんですよ
奈々ちゃん…それ当たり前のことだよ
クスクス
スッ

ペコ
ペコ
大森さんと少し確執ができてしまったようです
大島のおかげで店内環境はとても良くなった
でも…俺は現場で学んだ技術と知識を洗いざらい教えてしまうのはどうしても割り切れないんだ

大森さん難しい顔してどうしたの？
会社の変化に気持ちがついて行けなくて…
どうすればいいのやら
カラン
難しいことで悩んでますねぇ
何かつまむものでも作りましょうか？
つまみはいいよ同じのおかわり
ぐいっ
ジンロックですね
かしこまりました

パパーー
キィーキィーキィー
あぶないっ!?
ドン
♪
こんな夜中に誰だろう…
ピッ
上野店の小沢店長からだわ
もしもしお疲れさまです
あぁ大島?
実は大森から電話があって…
救急車で運ばれていま病院にいるらしい

酔った帰り道にふらついて、車道に飛び出したみたいなんだ
大島のケータイ番号知らなかったから連絡できなかった
わるいな
心配かけて

そんなことより
大森さん
大丈夫ですか！
酒を飲んでいたせいで
出血が止まらなくて
腕と脚のほうが
だんだん
痛くなってきた…
細かいヒビが
あるかもしれないな…
とりあえず店のほうは
代役を回すから
ケガを回すことに
専念してくれ
はい…
大島…
は
はい！

こんな
恥ずかしい姿で
言うのもなんだが…
俺の留守中も
大丈夫だよな
大島がしっかりした
マニュアルを作ってくれて
本当に良かったよ
事故に遭って
身にしみたよ
ありがとう
大島
大森さん…

マニュアルを更新して行くうえで欠かせないのは
大森さんのような高い技術を持つ熟練からの『業務要領（カンコツ）』アドバイス
大森さんと和解してその協力が得られるようになったことはとても大きいです
はいっ任せてください！
翌日
とりあえず大森のかわりにしばらく山田君をそっちに回すから
はい

大島さん お久しぶり
山田 一樹
メリーランド上野店・元副店長
山田さん よろしくお願い します
この山田さんは 上野店で副店長に なった後に本社の 営業部に異動していた 私の元・上司です
しばらく僕が 代理です
大森さんは 大変だったらしいね
はい…… まずは当店の マニュアルを 持ってきます

11時半から
1時までの
ピーク時間は
カウンターも
忙しいし
ホールも忙しい
なのでこの時間
洗い物は
後回しにして
とにかく目の前の
お客様を第一に
考えて業務に掛かる
嬉しいけど…
どうしたんだろう…
今日は異常に
混んでるわ
どうもありがとう
ございました
午後1時半
じゃあ順番に
お昼に
入りましょう
山田さん
私はこの時間から
いつもレジの中じめを
しますので
先に入ってください
はい
じゃあ
お先に！
ところで…
どうでした？
私の作った
マニュアル
すごく
助かったよ
本当ですか!?

ただ…
ギクッ
!
なにかマズイことでもありました!?
いやただ…混雑時に慌ててページめくったからボロボロ
そこでどうだろう?
紙のマニュアルに加え
電子マニュアルも作ってみるというのは?
あっ!
松岡先輩が言ってたわ
「アウトプットの方法はいろいろある」って…

※第１章

電子マニュアルについては考えていたんですよね
ただいかんせん私SNSに写メをアップする程度しか知識がなくって…
最初はそれでいいんだよ
ちょうどSNSの話が出たね
カキコミなんかにも気を配れば今日みたいなこともケアできるよ
ほら これ
ん… どうしました?
あ!
タレントの××××が
お店に来てる!!!
どうやら有名なモデルのお客様が来てたらしい
それでやたら混んでたのか!

SNS等を活用した電子マニュアルを考える余裕があったのなら
今回の「見ました報告」にも即座に配慮を促すことができたかもしれない
いい機会だから動画やSNSを用いたマニュアル作りを教えようか？
はは い是非！
じゃあ明日から始めよう準備しておくよ
やっぱりこの人すごいわ
翌日
どん

外国人客の応対を紙マニュアルで読むよりも
yes
実際に発音しているほうが効果的だという山田さんのアドバイスで
動画マニュアルに着手です
ジー
編集の仕方はこんな感じで字幕と日本語訳を入れる
そしてパソコン内の指定した保存先に保存して
あとはこれを会社のサーバーにアップする
これら新しく取り入れた電子マニュアルには
利点と弱点がそれぞれありました
レストラン・喫茶
メリーランド
業務マニュアル
特徴は以下の通りです

紙マニュアル＝従来のマニュアル
レストラン・喫茶
メリーランド
業務マニュアル
1 ホール接客マニュアル
ワープロソフトで制作してプリントアウトして配る
利点＝配って渡しやすい
弱点＝見たい項目を見つけるのに手間がかかるかさばる、など
アーカイブ（保存、整頓）しにくい点も不便

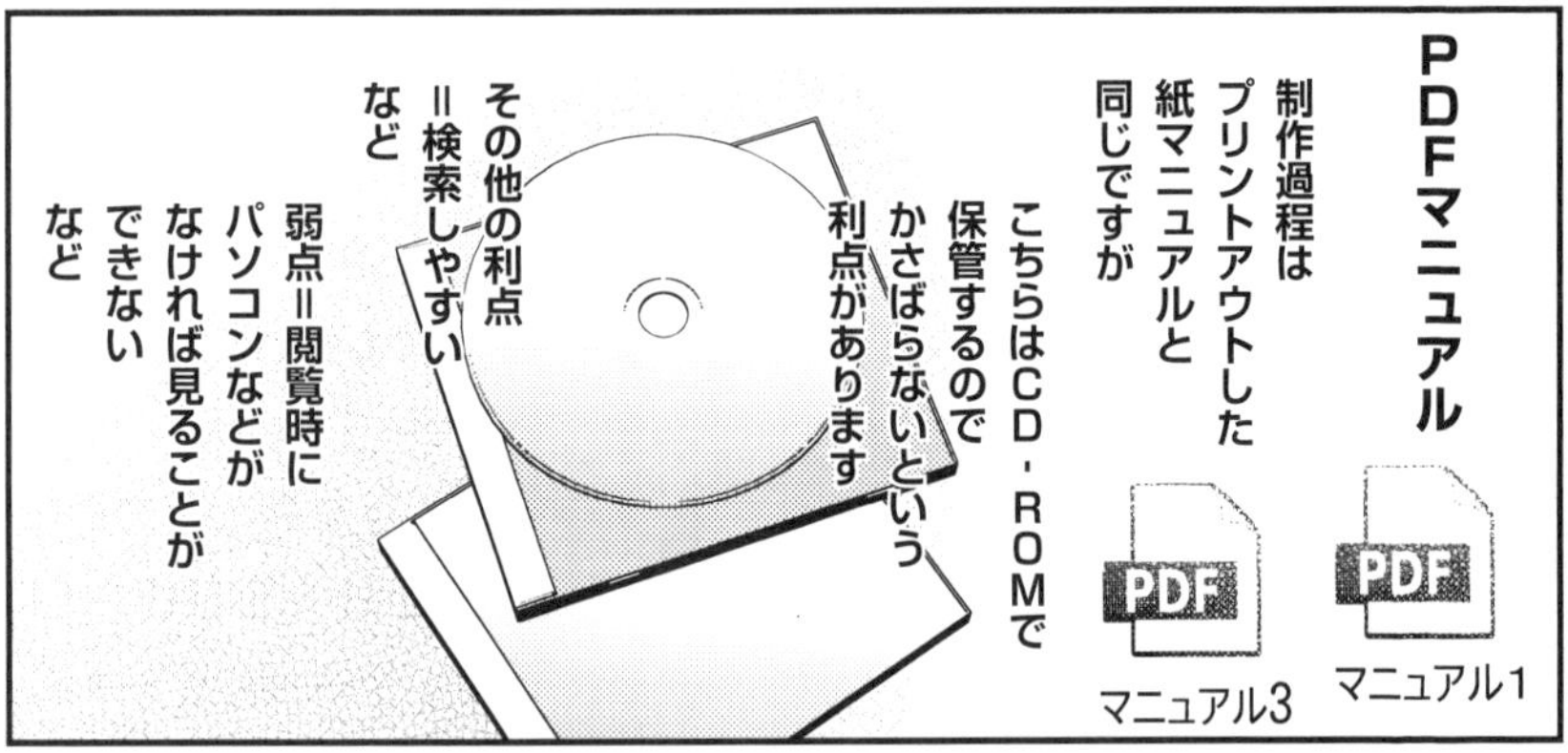
PDFマニュアル
制作過程はプリントアウトした紙マニュアルと同じですが
PDF
マニュアル1
PDF
マニュアル3
こちらはCD・ROMで保管するのでかさばらないという利点があります
その他の利点＝検索しやすいなど
弱点＝閲覧時にパソコンなどがなければ見ることができないなど

動画マニュアル
動画を用いて解説する
社内教育に適している
弱点＝制作に場所と時間と手間がかかること修正がしにくいこと
こちらもCD・ROMで保管したりできるがやはりモニタ画面のない場合に見ることができないのが弱点

教えてもらうつもりが結局また
ほとんどすべて山田さんにやってもらっちゃいましたね…
人が作ったものをベースに自分で作り直すことだってできるさ
はい 完成したものをお手本にして同じものを1から作ってみます
そう とにかく作ってみることだよ
マニュアル作りの基本は紙でも電子でもとにかく作ってみる！
それを『まず使ってみる』ここから始まります

実際に使って気が付いた点を更新することで
ブラッシュアップしていきます
更新していくときビジネスの基本である『PDCAサイクル』を回すことが大切です
P Plan＝計画
D Do＝実行
C Check＝評価
A Act＝改善
本当に当たり前のことですが
これらを踏まえて現場で気が付いた点を反映し更新を繰り返す
こうしてメリーランドスカイツリー前店のマニュアルは飛躍的に充実しました

マニュアルを作り始めたころ
ここまで
たくさんの人から
協力を得られるなんて
思ってもいませんでした
山田さん
何から何まで
どうもすいません
…この先
更新は大島さんが
やるんだよ
は…
はい
大丈夫？
大島さんのために
マニュアル作成用の
マニュアルでも
作らなきゃかな
あはははっ

00 マニュアル電子化の手順

前章では、マニュアルの有効性と見直しの必要性について、書いてきました。本章では、マニュアルを見直していく手順について説明していきます。今回は、電子化することを念頭に書いています。電子化を進めるに当たって図表のようなステップがあります。

① 運用イメージと電子化の対象範囲を明確にする
② マニュアルソフトを選定する
③ マニュアルソフトを載せるハードを選定する
④ ネットワークとセキュリティ環境を整備する
⑤ 活用に向けたリテラシー教育をする
⑥ 意見共有の場を作る

一般的なソフトウェアやシステムの導入とステップ上での違いはありませんが、マニュアルの電子化に特化した形で今回は説明します。

図3-1 マニュアル電子化の導入アウトライン

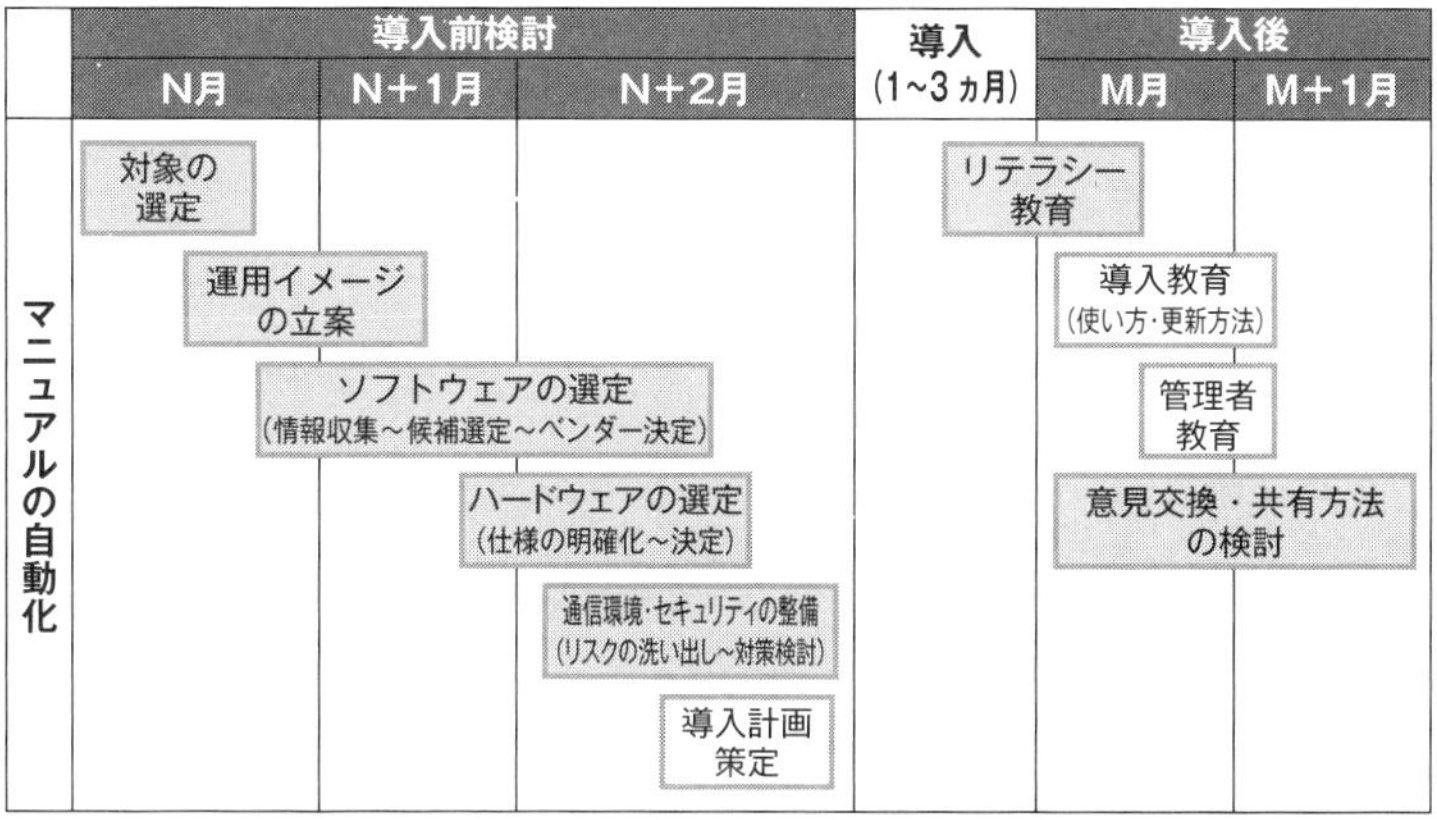

※アミカケの項目は重点項目。

図3-2 どのような電子マニュアルを目指すべきか

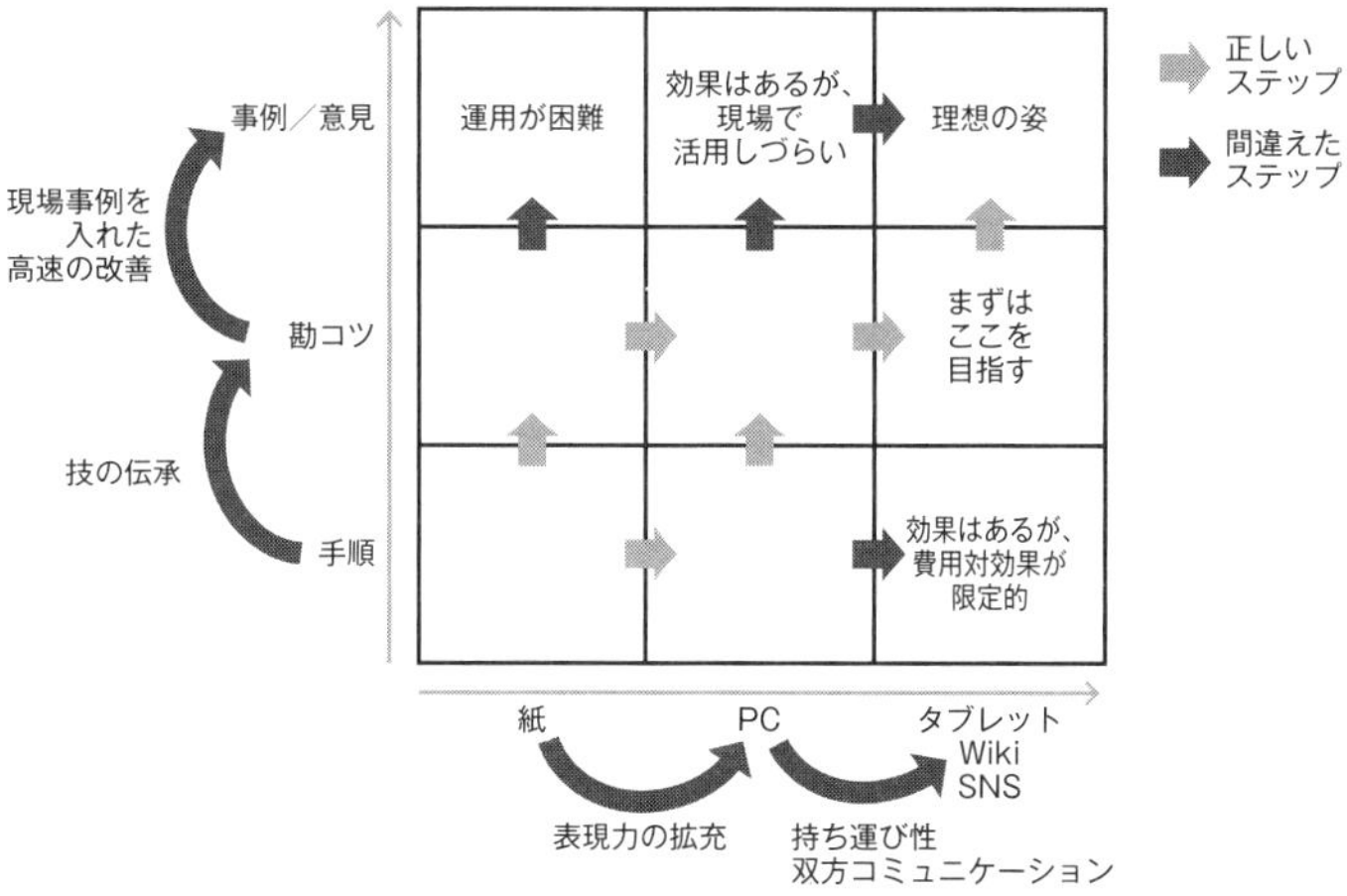

ステップ1
運用イメージを明確にする

マニュアルを電子化するに当たって、まずは対象範囲を明確にする必要があります。膨大な数のマニュアルが社内には存在すると思いますが、すべて電子化する必要があるか一度検討することをおすすめします。「紙のマニュアルがタブレットに載り、どこでも見られるようになる」というざっくりとしたイメージは誰でも持てるのですが、「誰が」「どのような場面で」「何のマニュアルを見るのか?」といった具体的なシーンを想定することが重要です。具体的な運用イメージに落とし込んで考えることにより、マニュアル毎の電子化する必要性を考えやすくなります。紙のマニュアルと電子マニュアルのメリット・デメリットを整理してあるので、それに照らし合わせて検討しましょう。また、対象の選定と同時に、マニュアルの運用イメージを先に練り上げることも重要です。

このステップを正しく踏まないと後に続く、ハードウェアやソフトウェアの選定時に機能の要否判断が難しくなります。結果的に、コストが余計にかかってしまう要因になってしまうので、丁寧に推進することが重要です。

図3-3　製造ラインでの電子マニュアル運用イメージ

・図面以外の情報（進捗（作業時間、出来高など）、マニュアル、検査結果判定）はすべてPCに集約する
・現場にある物は、必要な工具・必要な部品・図面（紙）・PCのみとして、5Sの行き届いた現場を目指す。

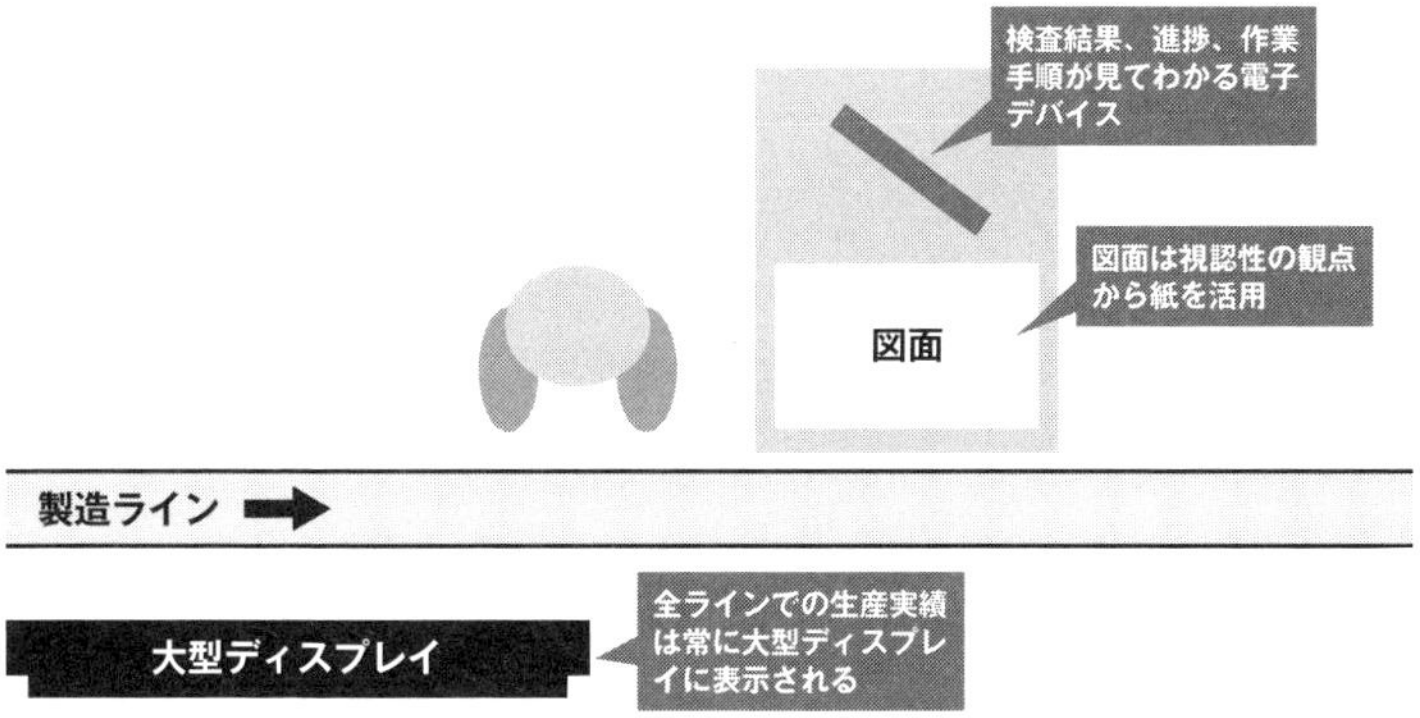
検査結果、進捗、作業手順が見てわかる電子デバイス
図面は視認性の観点から紙を活用
図面
製造ライン
大型ディスプレイ
全ラインでの生産実績は常に大型ディスプレイに表示される

図3-4　製造現場で運用されているマニュアルの整理例

	職場		サイズ	使用者	想定使用シーン
	組立	検査			
編成表	○		A4	未熟練者が主に使用	✓ 作業場所の横に常に掲示 ✓ 未熟練者は確認しながら作業
簡易図面	○		A3		✓ 編成表とともに常に掲示 ✓ 未熟練者は確認しながら作業
ビジュアルマニュアル	○		A4		✓ 作業場所の机の下などに保管し、必要に応じて確認する
調整作業手順書		○	A4		✓ 常に掲示 ✓ 確認しながら作業（熟練者も？）
カンコツマニュアル		○	A4		✓ 作業場所の机の下などに保管し、必要に応じて確認する

ステップ2 マニュアルソフトを選定する

マニュアルの対象範囲と運用イメージが明確になったら、そのイメージを実現するソフトウェアを選定します。大枠の手順は3つです、①複数候補を選出し、②前項の対象範囲と活用シーンを基軸として評価し、③選定となります。

最初の候補選出については、iPadが登場して以来、マニュアル関連ではタブレット型端末に対応したソフトウェアが増えてきており、候補を探すことにはあまり苦労しないでしょう。

一方で、選択肢が増えてきた分、複数候補の評価が難しくなってきます。一般的なコストの評価はもちろんですが、前項で明確にした活用シーンを実現できるかという点を重要視する必要があります。一般的な仕様（たとえば「動画視聴」や「ネットワーク上のファイルの参照」）は、大差がありませんが、細かい仕様ではソフトウェア毎に異なります。たとえば、動画を再生するときに必ず全画面で開くものと、マニュアルの小窓の中でも開けるもの（全画面も可のもの）という差があったとします。このような仕様差を評価するためにも活用シーンに沿った評価が重要になります。また、電子マニュアルに直接関わる仕様だけでなく「対応端末の多さ」や「最新ＯＳへの対応状況」「サポートの充実度（電話以外にも、サイトやメールでのサポートなどをしてくれる会社もあります）」も評価の項目に加えておくとよいでしょう。

活用シーンにもよりますが、筆者の過去の経験上では複数のソフトでどれか1つが万能かつ低コストで圧倒的優位ということはあまりありません。ある面が優れていれば別の面が劣っている状態はよくあります。また、仕様面で優れていてもコスト面が合わないことも多いです。そういう状況に陥ったときには、活用イメージに戻るようにしてください。目的は電子化や優れたソフトウェアを導入することではなく、それを通して作業の効率化や付加価値の向上を図ることです。そのためには、活用イメージが迷ったときの羅針盤になります。迷ったときは、一度活用イメージに立ち返り「仕様が足りない場合はどういうシーンに変わるのだろうか？」「別の仕様で対応できないか？」という点について戻って議論するとよいでしょう。

ソフトウェアの選定は、見直すマニュアルの実現に大きく影響します。手戻りをいとわず、活用イメージの練り直しも含めて粘り強く推進してください。

コラム

ＩＴベンダーを選考する際の手順

ここでは、ＩＴベンダーの選び方について詳細に説明しておこうと思います。

電子マニュアルをベンダーに依頼する場合、大きく２つの方法があります。

１つめはパッケージ化されたものを購入する方法です。パッケージ化とは、ベンダーにおいてある程度確立された機能、仕様、フォーマットが定められており、そのシステムにこちらが合わせていく形です。目的に合致していればよいのですが、業務特性、目的に沿わない場合は、追加でカスタマイズ化する必要があります。

２つめは、スクラッチ開発（まったくのゼロから開発すること）できるベンダーを選定することです。既存の製品や雛形などを流用せずに、ゼロから新規に開発することを指します。反面、システム開発が伴うため予算増になる可能性が高くなります。

ベンダー選定においては、費用対効果、または機能要件の評価によっての判断となりますが、一般的に中小企業の場合はスクラッチ開発する予算や時間を割くことができないため、１つめに挙げたパッケージ化されたマニュアルソフトを入れるのがベターと言えるでしょう。

仕様書作成と同時にベンダーの候補の検討を始めるわけですが、要件・仕様を踏まえたうえで、どんなベンダーがあるのかを調査します。

まず1次選考は、要件として提示した機能に対して充足しているかを確認したうえで価格を基準に行うとよいでしょう。機能などがどんなによくても想定している価格と対比した際に明らかに予算外のベンダーはこの時点で切り捨てます。

最終選考では、価格はもちろんのこと、①仕様要件を満たしているもしくは開発が可能か、②スケジュール感として適正か、という点からも判断します。

そして、ベンダーが決まったら、「はい、お任せ」ではなく、詳細に設計に入ります。詳細設計での目的は、ベンダーと調整を行いながら、これまで検討してきたい要件・仕様をより具体化しマニュアルの電子化に必要な仕様を詰めていきます。

ステップ3 マニュアルソフトを載せるハードを選定する

ソフトウェアが決定したら、ハードウェアの検討を行います。ソフトウェアのベンダーと連携して、マニュアルのソフトが載るのに最適なものを選定する必要があります。

近年、マニュアルの電子化というとソフトはいろいろありますが、ハードはタブレット型端末を想定する人が多いと思います。ハードウェアの選定においても決め打ちはせずに複数の選択肢を持ち、議論しながら決定していくほうが最終的に現場にフィットしやすくなります。

左図はとある企業でマニュアルの電子化を検討したときのハードウェアの検討例です。この企業も当初はタブレット型の端末に重点を置いて検討していました。しかし、我々と議論していくうちにマニュアルを使う人たちは現場での移動をほとんどせずに立ち仕事をしながら使うことが判明しました。この章ですでに紹介した図はそのときのものです。

しかも、マニュアルに載せる内容は手順書から図面まで多岐にわたり、タブレット型の端末だと、見にくい懸念が出てきました。そこで、再度必要なことを議論した結果、優先すべきポイントがタッチ操作・大画面の２点に絞られ、結果としては通常のデスクトップＰＣにタッチ操作対応のモニタをつけてマニュアルを運用するようになりました。

この例でもあるように、当初思い描いているものにとらわれず、重要なことは何かと考えながらハードウェアを選定していく必要があります。

図3-5　ハードウェア比較表

タブレット端末	ハードウェア	PC＋タッチパネルディスプレイ
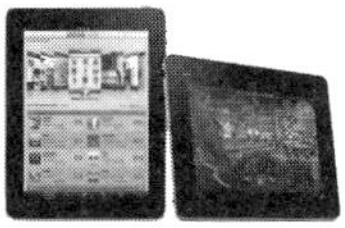	イメージ	
iPad　49,800円～ Android　約20,000円～	必要ハード	PC タッチパネル モニタアーム　5,000円～
・軽量、持ち運び簡単 ・画面は10インチ程度が主流 ・近年、アプリケーションの開発が盛んであり、選択肢が多い	ポイント	・従来のアプリケーション(Excelなど)で使える ・タブレットより画面が大きい（15インチ～40インチ程度、23インチが普及しており推奨されている）

コラム

ハードウェアを選定する際の手順

電子マニュアル作成時には、ハードウェアの検討が必要となります。一般的なフローとして次のようなステップで行います。

① 現状分析

まず現状の実態を正しく理解するために現状分析を行います。実態を正しく把握するためには、ヒアリングだけでなく、既存業務の洗い出しや職場を目で見て把握することが重要です。現状分析は軽視されがちですが、実は成功のカギは、実態（問題点、理想とのギャップ）をいかに把握できるかにかかっているといっても過言ではありません。

② 仕様検討

仕様検討は、ハードウェアに求める機能を決めるために行います。つまり、こんなことがしたい、そのためには、どんな仕様が必要かを検討することになります。この段階では、あまり制約を考えずに検討できるとよいでしょう。

③　要求仕様書作成

第3のフェーズでは、②でまとめた仕様要件をまとめ、ベンダーへ提出できる形に資料化します。どんな背景からマニュアル電子化を検討しているのか、自分たちが何をやりたいのかをベンダーに正確に理解してもらうために提案書という形でまとめます。このフェーズは、システム開発会社から良い提案をもらうために重要な要素と言われています。また、自分たちの考えを整理するうえでも何が目的でどんな機能が必要なのかを整理するため、関係メンバーの理解促進にもつながります。

図3-6　システム化検討時に陥りがちなパターン

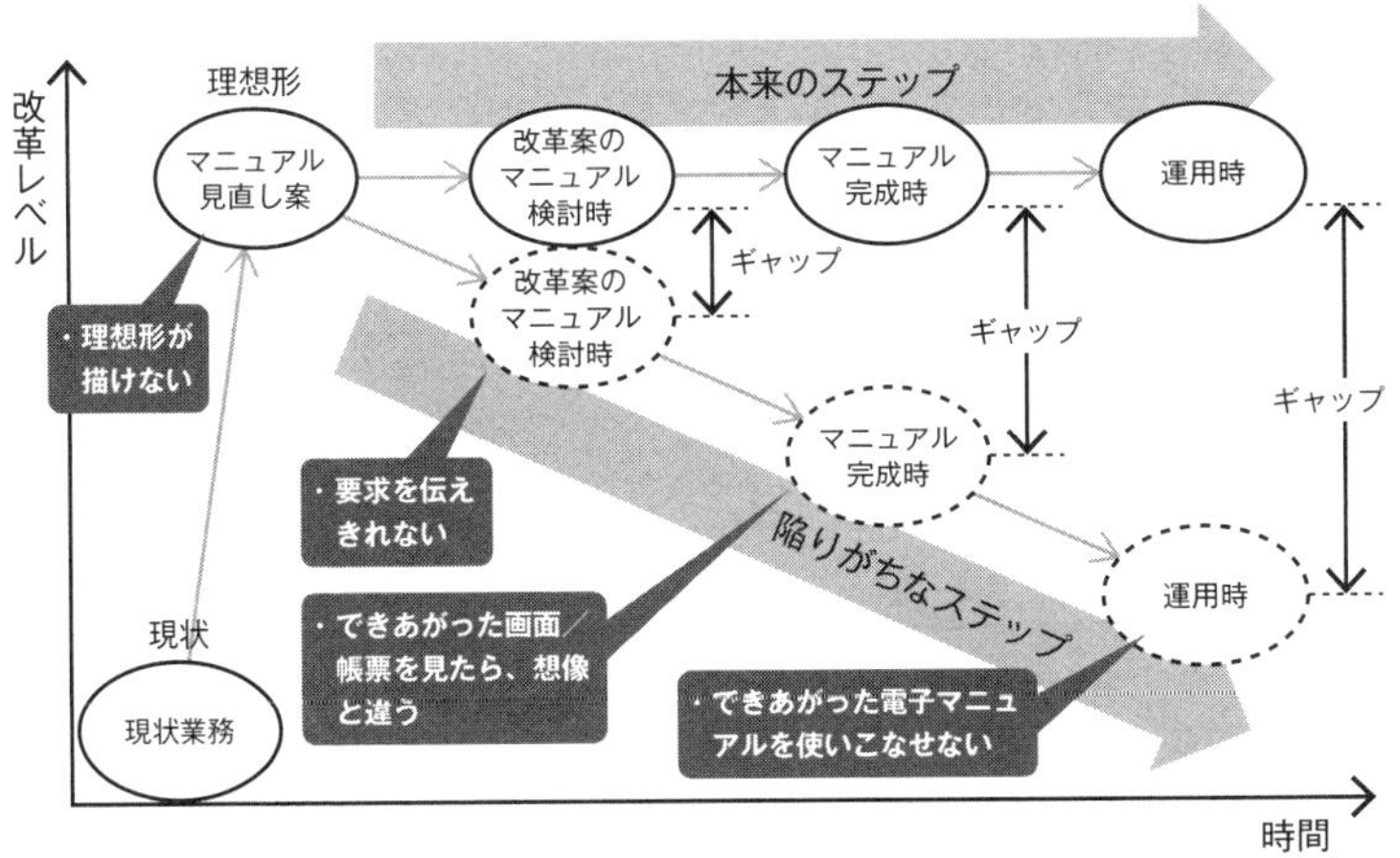

ステップ4
ネットワークとセキュリティ環境を整備する

マニュアル電子化のメリットの一つに、ネットワーク上でファイル管理が可能になる点があります。ネットワーク上でファイルを管理するに当たって自社のネットワーク環境を確認することは重要です。また、ネットワーク上にデータを置くということは情報流出の可能性が紙より高まるため、セキュリティの状態も合わせて確認する必要があります。

これらは、情報システム部門に丸投げせず、運用イメージやソフト・ハードの情報を共有しながら課題解決に当たっていくことをおすすめします。マニュアル担当者は情報システム部門とは限りませんし、自社のネットワークに関して知識があることも稀です。システムやネットワークに関する内容はアレルギーを持っている人も多く、ついつい社内の専門家に一括してお願いしてしまうケースはよくあります。しかし、社内の専門家はシステムやネットワークには精通していても、マニュアルの改訂やこれからマニュアルをどう活用していくかについては情報を持ち合わせていません。担当者はそういう部分を一辺倒に伝達するだけでなく、一緒にネットワーク環境の確認・整備を検討するとよいでしょう。

図3-7　セキュリティ視点・考え方

機密性リスク	主な作業
小	・公開情報の収集 ・社内／社外研修の受講（eラーニング教材など） ・公開用パンフレットなどの作成
中	・個人情報・機密情報を含まない業務資料の作成・編集・分析 ・個人情報・機密情報を扱わない社内ミーティング ・決裁ワークフローの申請・承認
大	・個人情報・機密情報を含む業務資料の作成・編集・分析 ・顧客との打合せ、問い合わせ対応（顧客が了承している場合を除く） ・契約で守秘義務を課された情報の取り扱い

ネットワークの整備と同時にセキュリティの対策も練る必要があります。マニュアルの内容にもよりますが、前章で書いたように匠の作業内容やそのポイントなどは会社にとっての重要な情報になります。日本ネットワークセキュリティ協会に機密性リスクの分類分けがありますが、それによると業務マニュアルは機密性リスクが中～大のものと扱われ、セキュリティ対策がやはり必要な領域と認識されています。

セキュリティ対策をするためにはリスクの洗い出し→評価という手順で進めます。

まずリスクを洗い出します。セキュリティの議論をするときは、複数メンバーで情報漏えいの事例などを調べながら洗い出すとうまくいきます。ネットワークの整備の

図3-8 マニュアル電子化による情報漏えいリスク

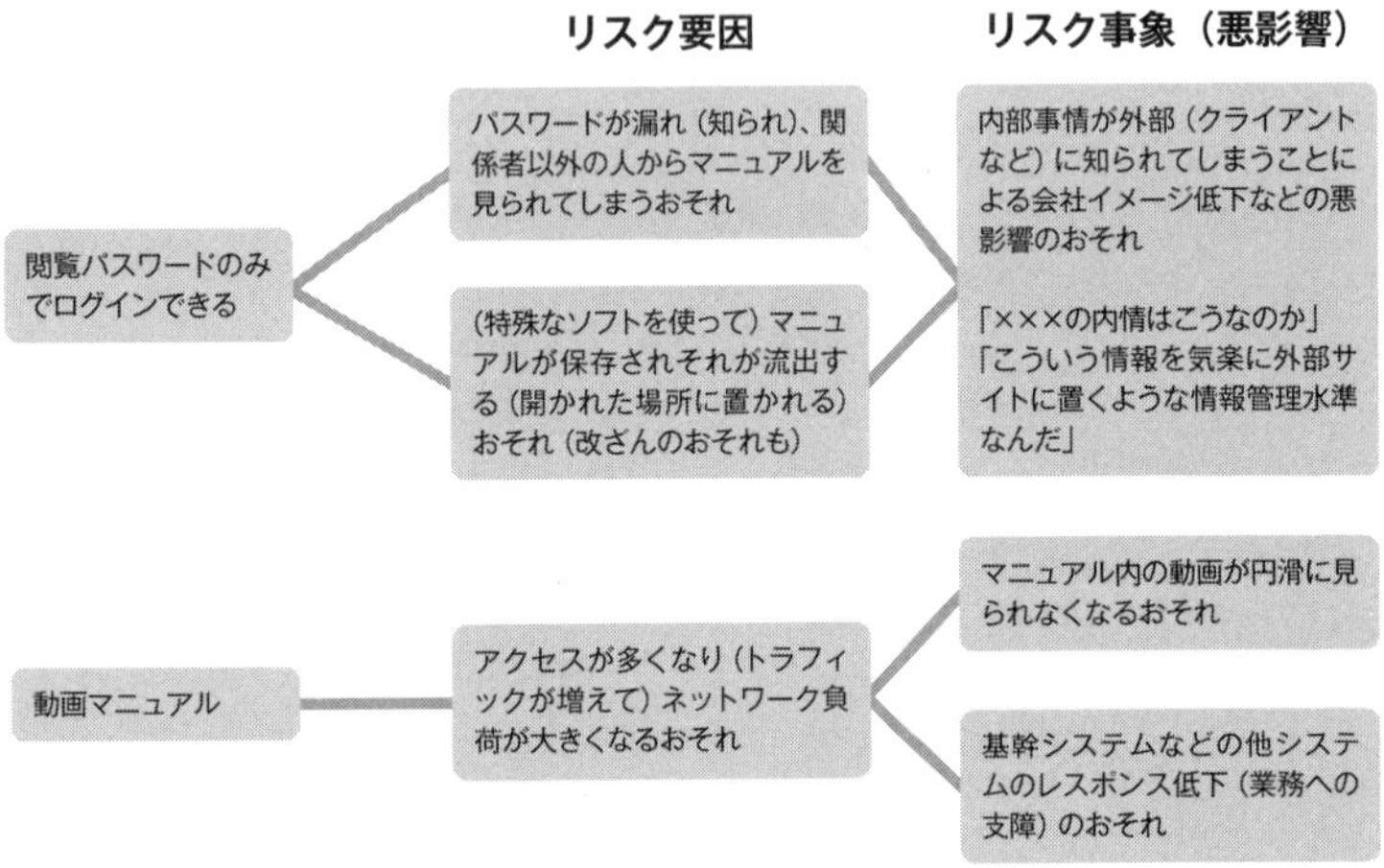
リスク要因
リスク事象（悪影響）
閲覧パスワードのみでログインできる
パスワードが漏れ（知られ）、関係者以外の人からマニュアルを見られてしまうおそれ
（特殊なソフトを使って）マニュアルが保存されそれが流出する（開かれた場所に置かれる）おそれ（改ざんのおそれも）
内部事情が外部（クライアントなど）に知られてしまうことによる会社イメージ低下などの悪影響のおそれ
「×××の内情はこうなのか」
「こういう情報を気楽に外部サイトに置くような情報管理水準なんだ」
動画マニュアル
アクセスが多くなり（トラフィックが増えて）ネットワーク負荷が大きくなるおそれ
マニュアル内の動画が円滑に見られなくなるおそれ
基幹システムなどの他システムのレスポンス低下（業務への支障）のおそれ

部分と同様に、社内の情報システム部門と協力して進めていくと効率的に進めることができます。

リスクを洗い出したら対策と評価を行います。なかには技術的に対策が困難なこともありますし、発生可能性から見たら稀なものもあります。それを評価をしていきながらセキュリティの対策をしていきます。この後で詳しく述べますが、技術的な対策だけでなく、使用者のＩＴリテラシーなども情報漏えいリスクを減らすうえで一定の効果があります。このような対策を行っていくことにより安心してマニュアルを使うことができるようになりますので、苦手意識がある人も社内のメンバーと連携して進めてください。

ステップ5
活用に向けたリテラシー教育をする

電子マニュアルの活用という点では、マニュアルソフトやハードの使い方以外にもITリテラシーの教育も必要です。ITリテラシーとは、「PCやタブレットのIT機器、またはソフトウェアを使いこなす能力」のことを指します。

教育に当たって、①使用者の確認②教育内容の設計③教育実施の手順で進めていきます。

使用者の年齢層が高ければ高いほど一般的にITリテラシーは低い傾向にあります。ただし、年齢だけで教育内容を設計してしまわずに、何名か実際にヒアリングすることをおすすめします。現場の声や実態を確認して、それに合った教育内容・教育計画を立てていくと無駄なく進めることができます。

主な教育内容として、電子マニュアルが搭載されている機器の使用方法、閲覧・検索するためのソフトウェアの使用方法が中心となります。基本操作面の教育にくわえて、維持管理面、誤操作に関する教育も重要です。機器（ハード）面では、機器故障対応・取扱注意事項（機器に悪影響を及ぼす粉塵などが飛散する環境に保管しない、衝撃や振動が伝わ

図3-9 想定される情報漏えいリスクに対する対応方向

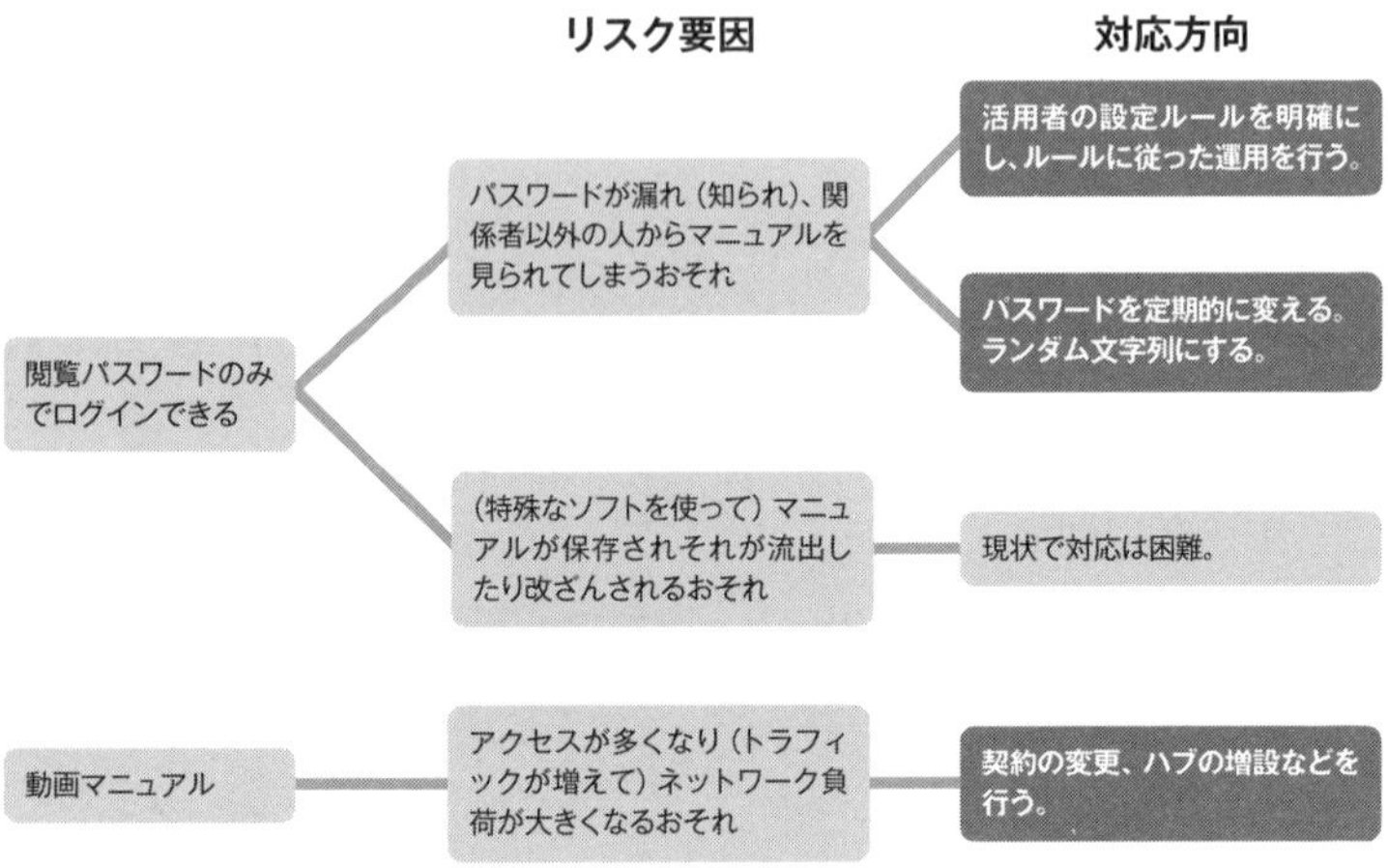
リスク要因
対応方向
閲覧パスワードのみでログインできる
パスワードが漏れ（知られ）、関係者以外の人からマニュアルを見られてしまうおそれ
活用者の設定ルールを明確にし、ルールに従った運用を行う。
パスワードを定期的に変える。ランダム文字列にする。
（特殊なソフトを使って）マニュアルが保存されそれが流出したり改ざんされるおそれ
現状で対応は困難。
動画マニュアル
アクセスが多くなり（トラフィックが増えて）ネットワーク負荷が大きくなるおそれ
契約の変更、ハブの増設などを行う。

らないような保管を行うなど）が必要です。ソフトウェア面では、誤操作による削除の注意、セキュリティ対策（メモリの接続禁止、コピーや持ち出しの禁止）などが必要になってきます。直感的に操作できるように電子マニュアルを整備したつもりでも、基本的な知識教育を怠ると、思わぬ落とし穴が待っているものです。

ステップ6

意見共有の場を作る

マニュアルを実務で活用するためには、使い手からの情報・声が重要となることを忘れてはいけません。使い手からの情報を軽視せず、マニュアルの間違った情報や不具合、その他要望などをできるだけリアルタイムで把握し、改善・更新を行うべきです。

そこで最後に、意見共有の場を作ります。多くの企業では、導入と教育を行うことで一段落と考えている人が多いのですが、マニュアルやシステムは使用時や使用後の意見や感想を共有して初めて価値が出てきます。そのためにも、意見共有の場は必要になります。最近では、ＳＮＳやＷｉｋｉが出てきたのでそれを活用し意見共有を進めていくことを目指します。

導入については、ソフトウェアの選定と同様に、①複数のサービスの情報収集②利用者のレベルを鑑みた評価③導入・活用という進め方になります。

意見共有の場を作る上で、ありがちなことは「誰も投稿しない」「投稿しても反応がない」という過疎状態になることです。せっかく意見共有の場を作ったのにこうなってしまってはもったいないです。このような状態にならないために、場の盛り上げ役を設定しましょう。盛り上げ役の人は、みずから積極的に投稿するとともに他の投稿者にコメントをするようにします。できれば、複数人で年齢・性別・役職にバラツキを持たせて個性的なメンバーをそろえるとなお良いでしょう。「誰かが反応してくれる」「共感してくれる」ということはうれしいことであり、うれしくなるためにまた投稿したくなります。この盛り上げを根気強くやっていくことが意見共有の場を作っていく上での重要な活動です。

ＳＮＳやＷｉｋｉが出てきてからは、感じたことやアドバイスをＳＮＳのページに投稿することによって、別の人の返信から新しいアイディアをもらえたり、共感をしてもらえたりします。Ｗｉｋｉには、成功事例や失敗事例をためることによって事例集が蓄積されていきます。これらの情報は、今までのフェイス・トゥ・フェイスや電話・メールでは断片的にしか把握できませんでしたが、ＳＮＳとＷｉｋｉによって情報を集めやすくしかも情報の重要度も推し量ることも可能です。

ＳＮＳやＷｉｋｉの普及により、今まで以上にマニュアルに対する意見や新しいアイディアをもらえるようになっています。意見共有の場を作り、盛り上げることによってよりよいマニュアルを作っていく基盤を作っていくことが重要になります。

第4章

よりよいマニュアルにするために

Story 4
お店にとって
痛すぎる
欠員！
きゅっ

カパッ
おはよう大島さん
最近早くない？
山田さんおはようございます
山田さんも早いですよね
僕はお店の全体を早く掴まなきゃいけないから早めに来ているだけだよ
大島さんこそ僕よりも早いじゃない

私は先日山田さんに作っていただいたフォーマットで
チェックリストを作っているところです
早く山田さんに追いつかなきゃ
ハジメ先輩が常に口にするのは
まずとにかく
作ってみる

マニュアルは
最初から完成形を
作ろうと思っては
ダメ
ふんふん
まずは
『あれこれ悩まず作る』
それをもとに
『追記していく』
この段取りを
踏むことが大切だ
カタカタ
このような考え方を
スモールスタートと
呼ぶんだけど
最初のマニュアルは
なるべく直しやすい
ものにしてあるほうが
いい
なぜなら

間違いや不具合は実際にそのマニュアルを使用しなければ起きないという理屈はわかるだろ？
はい
実際に使用してから気付いたことや
現場の熟練（ベストパフォーマー）の経験則に基づいた意見を取り入れて更新
これの繰り返しで磨かれていくものなんだ
それにしても大島さんは覚えが早いしスジがいいよね
この短期間でここまでできるなんてさすがだなぁ
い いえ そんな…

うぅ…このタイミングで『ほとんど大学時代の先輩の受け売りです』だなんて言えないわ…
そんなわけで
近頃は事務所にこもることが多くなりました
私は、山田さんに教わったように電子マニュアルへの作り替えをしながら
既存の紙マニュアルにスタッフの意見やお客様の感想
そしてネット上での評価なども取り入れながら
ブラッシュアップする作業です

上野店のマニュアルは誰にも見られることなくホコリをかぶっていた
あの時はそれが何故なのかわからなかったけど
今になってその理由が
わかったわ
ところで大島さん
はい？
このマニュアルなんですけど
レストラン・
メリーラン
業務マニュア
いかにも『5W1H』の基本通りに作りましたという感じで
事務的な気がするんです
5W1Hとは

いつ（When）
どこで（Where）
だれが（Who）
なにを（What）
なぜ（Why）
どのように（How）
という6つの要素をまとめた
情報伝達のポイントのことで基本的な手法です

そうかも
しれないいな
文章にもう少し…
クレドを
反映させて
みたらどうかな
言われてみれば
更新するたびに
作業についての
説明ばかりが増えて
何に基づいた
指示なのか
どこに向かわせ
たいのか
『目的』や『理念』が
ぼやけてしまったの
かもしれません
クレドは
ラテン語で
直訳は
『信条』
『志』
『約束』
そこから生まれた
解釈として
会社理念
会社信条のことを
示します
このクレドを
掲げることで
『企業がどこへ
向かおうとして
いるのか』が
理解できて
マニュアルの
記述にも
筋が通る
例を挙げると…

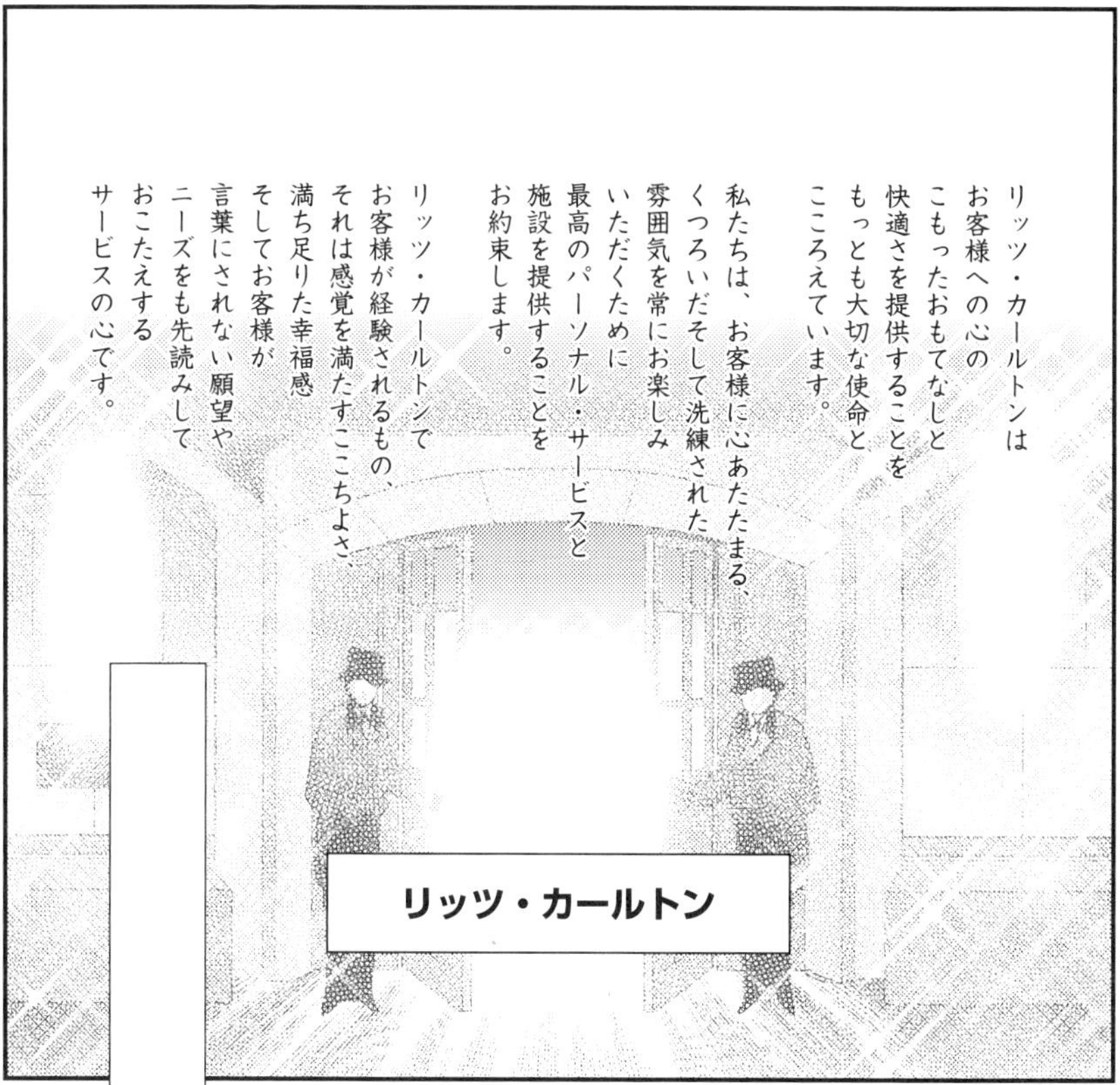
リッツ・カールトンは
お客様への心の
こもったおもてなしと
快適さを提供することを
もっとも大切な使命と
こころえています。
私たちは、お客様に心あたたまる、
くつろいだそして洗練された
雰囲気を常にお楽しみ
いただくために
最高のパーソナル・サービスと
施設を提供することを
お約束します。
リッツ・カールトンで
お客様が経験されるもの、
それは感覚を満たすここちよさ、
満ち足りた幸福感
そしてお客様が
言葉にされない願望や
ニーズをも先読みして
おこたえする
サービスの心です。
リッツ・カールトン

ほかには

ジョンソン&ジョンソン

我々の第一の責任は、我々の製品および
サービスを使用してくれる
医師、看護師、患者、そして母親、
父親をはじめとする、
すべての顧客に対するものであると
確信する。
顧客一人一人のニーズに応えるにあたり、
我々の行なうすべての活動は
質的に高い水準のもので
なければならない。
適正な価格を維持するため、
我々は常に製品原価を引き下げる努力を
しなければならない。
顧客からの注文には、
迅速、かつ正確に応えなければならない。
我々の取引先には、
適正な利益をあげる機会を
提供しなければならない。

我々の第二の責任は全社員――
世界中で共に働く男性も女性も――
に対するものである。
社員一人一人は個人として尊重され、
その尊厳と価値が認められなければならない。
社員は安心して仕事に従事できなければ
ならない。
待遇は公正かつ適切でなければならず、
働く環境は清潔で、整理整頓され、
かつ安全でなければならない。
社員が家族に対する責任を十分
果たすことができるよう、
配慮しなければならない。
社員の提案、苦情が自由にできる環境で
なければならない。
能力ある人々には、雇用、能力開発および
昇進の機会が平等に与えられなければならない。
我々は有能な管理者を任命しなければならない。
そして、その行動は公正、
かつ道義にかなったものでなければならない。
～中略～
我々の第四の、そして最後の責任は、
会社の株主に対するものである。
事業は健全な利益を生まなければならない。
我々は新しい考えを試みなければならない。
研究開発は継続され、革新的な企画は開発され、
失敗は償わなければならない。
新しい設備を購入し、新しい施設を整備し、
新しい製品を市場に導入しなければならない。
逆境の時に備えて蓄積を行なわなければならない。
これらすべての原則が実行されてはじめて、
株主は正当な報酬を享受することが
できるものと確信する。
といった具合です

では
クレドをもう少し
反映させる方向で
作ってみますね
うん
よろしく
一人ひとりが
任された持ち場を
責任もって正しく努力し
そして正しく賞賛される
そんな環境づくりに
努め
与えられた仕事を
全うし
素晴らしい仕事で
あることを
確信する
人が笑顔になれる
人に活力がみなぎる
人の心を安らげる
そんな1杯の
コーヒーを
お客様に贈りたい
株式会社メリーランド

はっ
このフレーズを
マニュアルの冒頭で
引用すれば
ただ指示を記述して
おくよりも効果的かも
しれないわ
メリーランド
業務マニュアル
メリーランド
業務マニュアル
1　ホールマニュアル
メリーランド
業務マニュアル
1　ホールマニュアル
お客様の心安らぐ
お客様の
心安らぐ

メリーランド
業務マニュアル
(1)ホールマニュアル
お客様の心安らぐ
活力がみなぎる
笑顔になれる
そんな
ホールサービスを
身に付けるための
マニュアルです
うん
いい感じだわ
おはよう
大島

どうだい
店の様子は？
大森さん！
3日ぶりに
大森さんが
お店に戻って
きました
退院したん
ですね
ひゃっ
どうしたんです？
そのギプス
レントゲンで
見てもらったら
前腕の骨に
真横にヒビが入って…
折れた状態だってさ
うわぁ
利き腕
ですか…

そうなんだよ
現場復帰は
当分無理だ
…残念です
きゅっ
きゅっ
でも…
裏方の作業は
できるかなぁ…
あ
ちょうど厨房マニュアルを
修正するところだったん
ですよ
見てもらっても
いいですか？
任せてくれ！
仕事がしたくて
ウズウズしてたんだよ
まぁ！

大森さん
ここなんですけど
ああ
それは
あれだ…
はい
ここは動画で
示せると
良いかもな
なるほどっ!
はからずも
私の書き入れた
初期のマニュアルに
ベストパフォーマー
である大森さんの
チェックが入って
ブラッシュアップ
されるという

マニュアル作りとしては理想の形になりました
結果的にすべてが良い方向に行ったわけだね
はい おかげさまで マニュアルも充実してきました
よーし そうしたら

次は電子化した後の
セキュリティだ
セキュリティ…？
セキュリティ対策は
電子媒体のアキレス腱
最初は
カンナが書いただけの
マニュアルだったが
いまや
熟練の店長が頑なに
守ってきた
ノウハウ（カンコツ）や
店内での
一般客との
やりとり
といういろんな
情報が入った
重要機密なんだ
秘

この先
更新するほど
内容が濃くなって
いくわけだから
漏洩は絶対に
避けなければ
ならない
この先
閲覧時の制限や
外部への持ち運びの際の
注意など
情報流出を防ぐ対策を
決めておくのも
情報
マニュアル
担当の
役割だぞ
はい先輩！

01 マニュアル作成に適した担当者とは

マニュアル作成を行う人を社内で選定する場合については、次のような人を選定するとよいと言われています。

① 中立的な人

マニュアルは、個人の感情が過度に入ることはよくありません。問題意識を持っていても、偏った考え方をしている人では良いマニュアルはできません（文句になる場合がある）。たとえば、自分のやり方が一番正しいと考えていて、他人の意見に聞く耳も持たず断固拒否する人は向かないと言えるでしょう。

② マニュアル作成業務をある程度把握している人

業務もわからずの真っ白な状態では非効率であり、業務把握もかねてヒアリングや動画撮影を行うこともできますが、モデル化されたマニュアルにならない可能性があります。それは、何が正解で、何が間違いなのかがはっきりしないためです。したがって、ある程度業務内容を把握しており、業務の良し悪しが判断できる人がよいでしょう。

③ 意思決定ができる人

性格面として「ある程度の思いきりの良さ」「前向き思考」な人のほうがよいでしょう。というのも、この業務で良いのか、何が正解か……と議論になる場合があり、意思決定できる人＝判断できる人がいると前進します。ただし、意思決定ができる人を巻き込む、必ず確認をするというステップを踏まえると、意思決定できない人でも補うことができます。また、1枚1枚を丁寧に作ることも重要ですが、まずは使ってみることのほうが重要です。

④ 目的を理解している人

なぜ、マニュアル化するのか、その必要性を正しく理解している人を選定するとよいでしょう。いちばん良くないのは、「押し付け業務になる」「マニュアル化について必要性を理解していない」場合です。一般的に、押し付け業務になるとアウトプットレベルが下がる傾向にあります。マニュアル作成は簡単なものではなく、適任者の選定も重要なキーワードとなります。

02 業務マニュアルに適した文章とは

マニュアルの文章作成はあまり考えすぎずに臨むことが大切です。使い手は、経験者よりは経験の浅い人を対象とする場合が多いです。いわば初心者に対して、やり方・手順・ノウハウを示すものだと考えることがよいでしょう。使うべきシーンで使われるに足りる品質を備えていなければいけない点を確認するようにしましょう。

ここでは、文章作成におけるポイントを挙げていきます。使い手や、使用シーンに応じて必要なポイントは何かを考え、押さえるべきポイントを意識して作成するとよいでしょう。

ただし、作成者がどんなに気を遣って作成していても、いざ使ってみると、思わぬコメントがある場合があります。

今回挙げた8つのポイントを活かしつつ、トライ&エラーを繰り返しながら対象となる使い手にとって、わかりやすく、伝わる文章を意識して作り上げていきましょう。

図4-1　業務マニュアルに適した文章の条件

NO	ポイント	例
1	フォーマット・言葉の定義が曖昧な場合（特に複数人で作成時）	フォーマット・用語の統一を図ります。（どこに何を書くかを統一、日本語・英語、「です、ます」調・「である」調を統一）
2	２つ以上の意味にとられてしまう表現、読み方によっては誤解される可能性がある表現	１つしか解釈できない文章に変更します。図表や言葉の示す意味を補足します。
3	長々と文章が記載されている場合	箇条書きで簡潔にまとめます。段落、句読点やイラストを活用します。
4	メリット・デメリットなどを対比のものを示す場合	箇条書きにして対比させます。
5	専門用語、業界用語を使用する場合	なるべく避けることを意識し、平易な言葉、一般的な言葉に置き換えます。（難しい漢字の場合はフリガナを記載してあげるとよいでしょう）
6	「良い」「悪い」など定性的な表現	定量的な表現（数値、%など）にできるだけ置き換えます。
7	強調したい文章、または語句がある場合	フォントサイズ（文字サイズ）を変えることでインパクトを与えるようにします。
8	対象が限られている場合、もしくは対象範囲が明確な場合	想定される使用者、使用されるシーンを記載しておきます。

03 会社全体のビジョンやクレドを組み込む

「クレド」という言葉をご存じでしょうか。「クレド」とは、ストーリー内で紹介したジョンソン・エンド・ジョンソンやザ・リッツ・カールトン、おもてなしで定評のある「加賀屋」などが採用している仕組みで、企業理念に基づいた行動指針を具体的かつ簡潔に記載したものです。具体的には「どのように仕事をするべきか」「どのように振る舞うべきか」などを全従業員で共通認識にし行動するために用いられています。

さて、「マニュアル」の本に「クレド?」と思われた方もいるかと思いますが、実は密接な関係を持っています。マニュアルに記載されている内容は、会社の・部門の・課の標準的な手順・やり方です。一つひとつのマニュアルの記載内容がバラバラにならないように統一した指針を出すとより良いマニュアルになります。その一つの方法が「クレド」になります。

共通の目的・考え方を持ち、そのうえで一つひとつのマニュアルを作成・見直ししていくと、マニュアルは何のためにあるのかがより明確になるでしょう。

図4-2　「信条」「志」「約束」を意味するクレド

加賀屋の接客十戒

一、社員の働く気を起こさせる
二、自分は経営者
三、「マニュアル」プラスアルファ
四、心のマッサージ師に徹する
五、好きでなければ、いい仕事はできない
六、「ありません」「できません」は言わない
七、一生懸命には信頼がついてくる
八、お客様の会社の一員として
九、頭を下げるのにお金はいらない
十、生きがいが人をつくる

方向性を統一することは
マニュアルづくりに
おいても重要なことである

図4-3　スターバックスのクレド

Be Welcome	歓迎する
Be Genuine	心をこめて
Be Knowledge	豊富な知識を蓄える
Be Considerate	思いやりをもつ
Be Involved	参加する

04 動画マニュアルの基本的な考え方

紙マニュアルや電子マニュアルに置き換わる動画マニュアルが増えてきています。動画マニュアルは、文書を書く必要がなくなる反面、模範となる業務を決め撮影しておく必要があります。せっかくの動画にもかかわらず、モデルに誤りがあったり、動作がわかりづらければ意味がありません。撮影にあたり、ただ撮影するだけでは良いマニュアルとは言えません。使える・活かせるマニュアルというのは次の工夫をしているものを指します。

①目的志向（何のための動画マニュアルなのかが明らかになっている）

②特性・特徴を捉える（用途別で動画の撮影方法を変える）

たとえば、製造現場の組立作業のような細かい作業の場合、手元がわかるように撮影をしたほうがよいでしょう。逆に、全体的な業務の流れ・動きを把握したい場合は、手元作業ではなく遠めから撮影し全体の動きを把握できるようにします。

何のための動画なのかと目的をよく考え、動画の撮り方を少し工夫するだけで、実用度が大きく異なります。また、その効果も変わってくるでしょう。

図4-4　マニュアルを補完するチェックリストの見直し

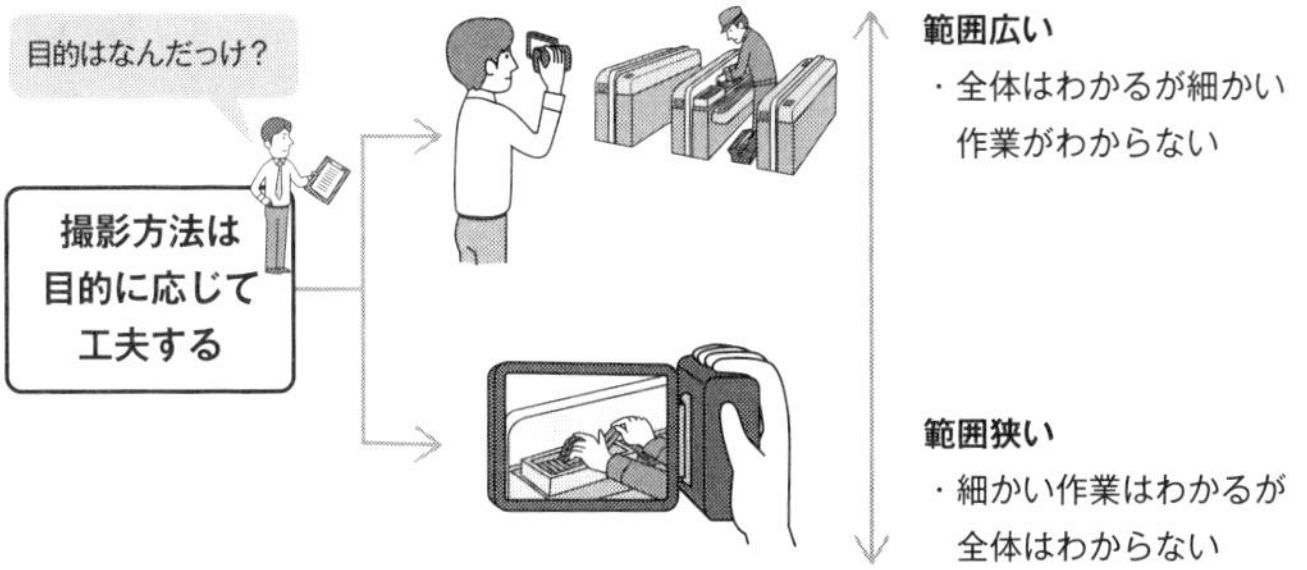

わかりやすいマニュアル例

作業手順書		制定2011年5月30日	
作業内容	＊＊社向け断熱材組立（＊＊ライン）	作成者	JMAC山田

モデル時間（秒）	作業手順	図解	ポイント	備考　等
8秒	前段取り 作業開始前に組立に作業び必要な断熱材（身、フタ）ビスを用意する		基本レイアウト 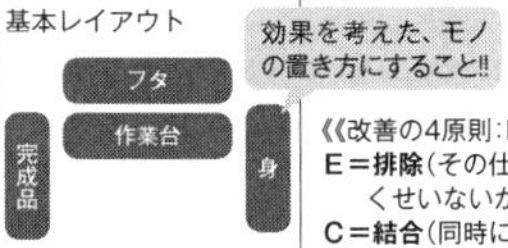	《《改善の4原則：ECRS》》 **E＝排除**（その仕事をなくせないか） **C＝結合**（同時に出来ないか） **R＝入替・代替**（タイミングをかえれないか） **S＝簡素化**（簡単に出来ないか）
5秒	断熱材（身）を2枚取り、作業台に置く 台車に置かれている断熱材（身）を2枚取り、下から作業台にのせる。 作業台に取り付けられているあて具を降ろし、位置調整	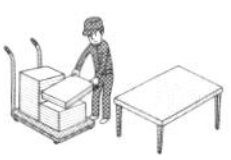	**断熱材(身)は2枚ずつ取る** ※断熱材（フタ）に関しては、事前に作業台前方の仮置き場に置く	※断熱材(身、フタ)の置き方は上記レイアウトで行うようにする。
4秒	断熱材（フタ）を2枚取り、置く 作業台に置かれている断熱材（フタ）を2枚取り上から作業台にのせる	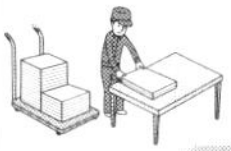	**断熱材(フタ)は2枚ずつ取る** ※台車から降ろす際に、バラしておくと取りやすい（くっついている断熱材を分ける）	※空歩行、動作ロスを最小限に抑えるために、常に取るものが近くにあるように台車を移動すること
6秒	エアードライバーとビスを取る ＝＝＝＝＝		**必ず両手を使い、準備すること**	※ビスを取る作業に時間をかけないようにする

05 動画撮影の手順

動画撮影は紙マニュアルと違い、動きを撮るものなので修正に手間がかかります。よって、動画撮影前の事前段取りが重要となります。ここでは、動画撮影時のポイントを手順を追って挙げていきます。

① 目的・対象選定（対象となる業務、業務範囲選定、目的明確化）

対象となる業務を明確にします。特に、対象とする作業の始まり（始点）、終わり（終点）をはっきりさせることがポイントです。

② 事前準備・段取り（動画を撮影する機材〈ビデオカメラ、スマホ、タブレット、デジカメ〉、モデル撮影者への許可取り、撮影角度、方法の検討）

動画マニュアルは撮影を行うことが前提となります。撮影にあたっては、撮影する人はもちろんのこと、まずは周辺関係者や職場の責任者へ事前案内しておくとよいでしょう。

また、撮影方法（撮影角度）は①で述べた通り、目的に踏まえたうえで設定します。

③ 実施日、実施担当者の選定（モデルとして撮影をする人、動画を撮影する人……）

目的や対象がはっきりしたら、次に行うことは、撮影日、撮影者を設定することです。日々のルーチンワークであれば決める必要がありませんが、業務内容が変則的なものを対象にする場合は、いつ発生するのかを事前に把握し撮影タイミングを決めておかなければなりません。

また、モデルとなる撮影者は、目的を満たすために適任を選定しておくとよいでしょう。ここで「目的とする機能を満たす」と述べたのは、マニュアルは、「誰が・いつ・どんなときに、何のために使うものなのか」を踏まえたうえで決めるのが大切ということです。

④ 撮影（通常業務の撮影）

撮影時のポイントとしては、通常通りに業務を行ってもらうことです。あくまでマニュアル化を行うための動画撮影であるため、過度に丁寧な接客や、作業である必要はなく、通常通りの作業を撮影者には行ってもらうよう事前に説明しておくようにしましょう。また、撮影者には過度に負荷を与えないことも考慮しておくとよいでしょう。

第5章

マニュアルをより有効活用するヒント

Story 5
達成感の向こうで待っていたもの
開店から3カ月後——
客足が低迷すれば3カ月で撤退せざるをえない…
そんな条件を突きつけられたメリーランド・スカイツリー前店でしたが
その3カ月が経ちました
コーヒー・クロワッサンをお待ちのお客様はこちらにお並びください

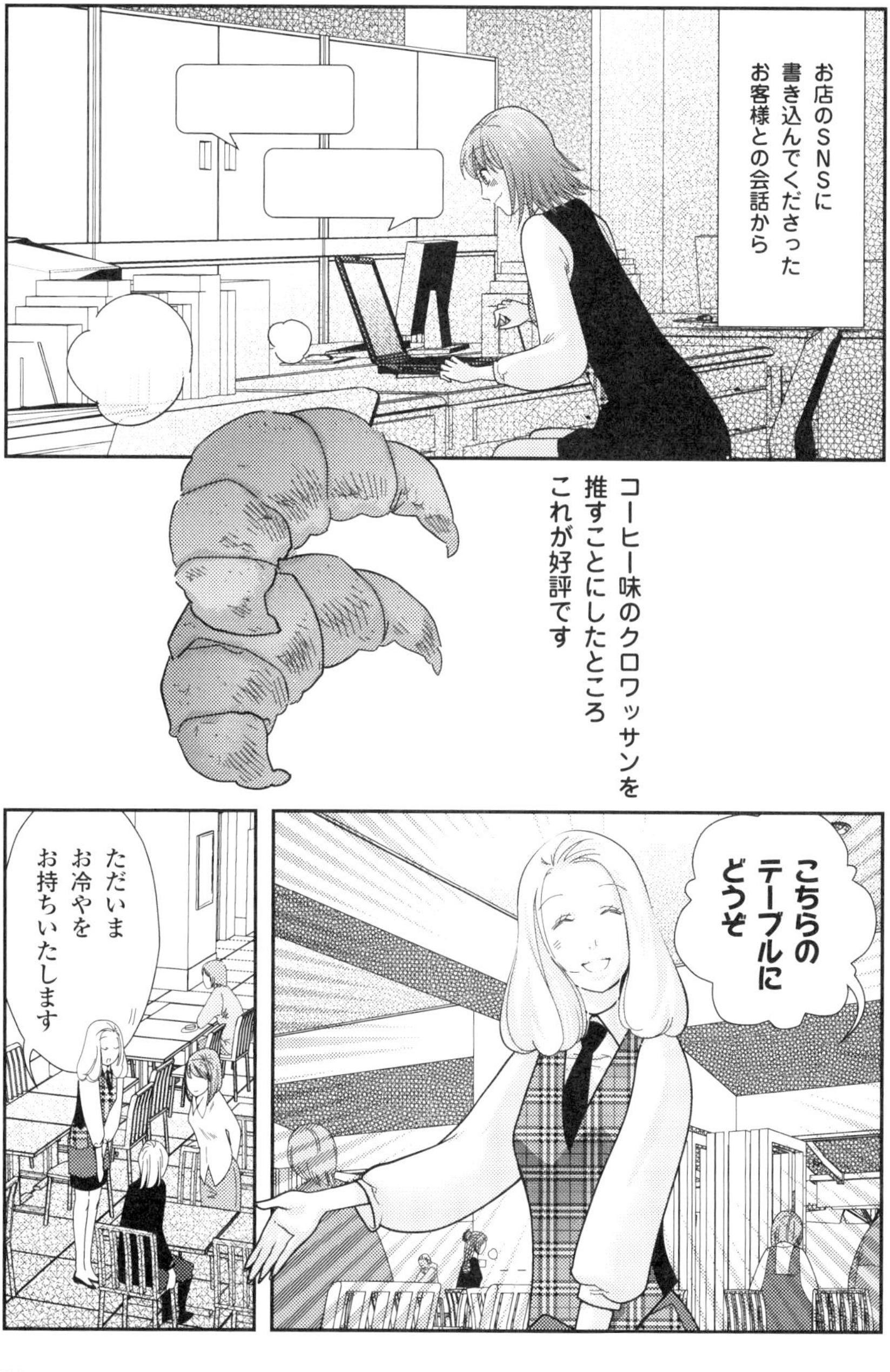
お店のSNSに
書き込んでくださった
お客様との会話から
コーヒー味のクロワッサンを
推すことにしたところ
これが好評です
こちらの
テーブルに
どうぞ
ただいま
お冷やを
お持ちいたします

ザザー
ご注文がお決まりになりましたら
こちらのベルでお呼びください
では失礼いたします
皿をまず重ねて
カチャカチャ
その一番上の皿にフォークなどをまとめてのせる

そこで無理をせずいったん引き返してから
コップと紙ナプキンなどを再び下げて
ダスターでテーブルを拭きイスまわりやメニューなどをキチンと直す
全員が高いレベルで作業しています

ザク
ザザッ
厨房も
大森店長がサブの
ポジションに回り
全体の指揮および
混雑時のサポートや
休憩時の交代要員を
しています
そろそろ
休憩だな
俺はホールを
見てくるから
厨房スタッフは
順番で休憩に
入ってくれるかな
はい店長

全員がハイレベルでのスキルを身につけて
現場の風土にもなじんだようだな
俺が太鼓判を押すよ
この先メリーランド・スカイツリー前店は軌道に乗るだろう
これもすべてハジメ先輩がいてくれたからです
開店したては全然お客様もいなくてでもどうしていいのかわからなかった…
あのとき先輩の電話がなければ
お店は撤退していたかもしれません

ふふ
俺は手助けをしただけだ
頑張ったのはカンナだ
今では見事にタブレット端末やソフトウェアも使いこなして
オペレーションを改善できているじゃないか
はい
先輩に注意されたマメな更新やセキュリティ対策も
しっかり心がけてます
そうだ
ただ形式だけSNS・Wikiを導入しただけでは意味がない
内容の充実＝技能伝承やコストダウン
ナレッジマネジメントに応用でき、かつ漏洩しにくいセキュリティを持ち
そして投稿しやすい風土と投稿ポリシーを作り上げていく必要がある

ナレッジマネジメント＝「個人や組織のもつ組織や知恵を組織内外で収集、共有、活用、創出、放棄、防衛していく考え方やプロセスをシステム化することで、高い業績成果を生み出す方法論」のこと。

カンナはしっかり それができた
自信を持っていい
おめでとうカンナ
『松岡式カウンセリング』も終了だ
そんなっ 先輩
いや…正直 3カ月も日本にいたことだし
来週にでも東南アジアに戻らなければ
あ すいません！
次はどこに行くんですか？
カンボジア マレーシア ベトナム インドネシアの 4カ国を同時に駆け回る

国をまたぐことで
ナレッジの共有も…
いや
そもそもマニュアルの
大切さが身にしみるね
なるべく頻繁に
帰ってくる
つもりだけど
すべての仕事を
終えて戻るのは
最低でも
2年かかるな
先輩の貴重な
お休みを割いて
もらい
本当に
ありがとう
ございました
いいか
カンナ
この先ますます
電子マニュアルは
発展し
会社が
『使える
マニュアル』を
作れる人間を
評価する
時代が来る

頑張ってくれ
メリーランド
スカイツリー前店
開店から
1周年

紙と
デジタルの差
組織の人間の
気持ちを
考慮した内容作り
地元の風土に
順応した
アレンジ力
ひゃー
マニュアル
作りを通して
私も成長させて
もらったなぁ

ペこ
お世話に
なりました
コン
コン
そろそろ
行こうか
山田一樹(33)
この年の4月に
事業部課長に就任
小沢寿明(40)
同じくこの年に
本社事業部長に就任

はい
ホールのみなさんに挨拶してきます
店長っ
大島、山田君もう行く時間?
はい いろいろお世話になりました
山田君大島を頼む
大森さんもう彼女は1人で大丈夫ですよ
そうだよな
じゃあ頑張れよ大島……

新店長!
…まだ全然
実感ないですけど
頑張ります
大島カンナ(26)
この4月に新店舗の
店長に就任

私は
今回の
スカイツリー前店の
仕事を認められて
羽田空港内に
出店する
新店舗の店長に
抜擢されました
店長
副店長
マニュアル
更新の
引き継ぎ
よろしく
お願い
しますね
了解
任せてください

日本はさ 大島さん
え はい
日本は海外と比べて接客が良いと言われるよね
ええ よく耳にします
動画サイトでも日本の接客や清掃業務などがアップされていて
世界中から驚きのコメントが書き込まれていますよね

うん
あるある
これらはもちろん日本人の気質もあるけれど
きちん
きれいずき
しっかりしたマニュアルがあるからこそ成せる業だと僕は思っている
そのとおりだ
それにしても俺たちは、マニュアルはオマケみたいに扱われていた世代で
大島はそんな人間が上司になっているところをよくここまでマニュアル業務を定着させてくれた

キミは俺の見込んだ通りの優れた人材だった
新しい配属先でもキミは活躍してくれると確信しているぞ

はい
新時代の

成功を
つかみに行こう

01 マニュアル改訂後にチェックすべきこと

マニュアルは一度作成して終わりではありません。重要なのは、日々の業務で必要なシーンで使われているかということだと何度も述べてきました。

では、具体的にどのような場面でチェックをすればよいのでしょうか。モノを作っている作業現場向けのマニュアルであれば、実際にマニュアルを使用してモノを作れるかを確認するとよいでしょう。事務作業であれば、必要なシーンでアウトプットが出せるかを確認すればよいでしょう。いずれにしても、作成者は作成したことに満足することなく、使用されているか、また、間違い・不具合が発生していないかなどをチェックする必要があります。しかしながら、自分自身が作成したものであるため、主観的になりやすく、使い手が間違っていると認識されがちです。したがって、客観的な立場でチェックするよう心掛けるとよいでしょう。

一般的には、マニュアルを作成するまでの作業に注力されがちですが、作成後も重要であることを理解してください。そして、マニュアル作成・見直し時には最初から力を入れすぎず、実際に使ってみて（使わせてみて）、確認・チェックの繰り返しのサイクルを回しながら、徐々に完成度を上げていくことをオススメします。

マニュアルを作るということは、手順・やり方が見える化されることで、基準ができることになります。基準があれば、もののさしができるので、自分自身の良し悪しが把握できたり、正確性が上がったりします。正確性が上がるとやがて能率も上昇していきます。このように、マニュアル作成は、仕事そのものの効率化、あるいは改善にもつながるのです。

図5-1　マニュアル改訂後のチェック項目

代表的なチェック項目	確認欄
①目的と内容が一致しているか	
②重複・矛盾がないか	
③フォントが統一されているか	
④１フレーズが長くなりすぎていないか	
⑤改行は適当なところで行われているか	
⑥誤字・脱字はないか	
⑦文章表現が曖昧でないか、わかりにくくなっていないか	
⑧句読点・記号などに使い方がわかりづらくなっていないか	
⑨難しい言葉を使用した場合はフリガナや補足は記載されているか	
⑩曖昧な言い回しや誤解を生じるおそれのある表現はないか	
⑪記号、表の順番に抜け漏れがないか、または統一されているか	
⑫文章、記号、表、イラストなどの配置は適当になっていないか	

02 マニュアルの限界を知る

皆さんがマニュアルを作成するとき、その対象となる業務を洗い出すことから始めることになりますが、その際に「発生していない業務」「発生頻度の低い業務」は抜け落ちてしまう可能性があり、この点は業務マニュアルの限界と言えるでしょう。つまり、事前に設定されていない業務をマニュアル化することはできない、ということです。

一方で、実際の業務が必要以上に煩雑で非論理的な場合、マニュアル化してもユーザーが混乱してしまうということもあります。毎回業務手順が異なり、それが問題にならないようでは、手元のマニュアルを見ても業務を再現することはできません。

この場合は、業務フローをマニュアル化に適した形に改善することが求められます。マニュアル化できない職人芸に依存しているようでは、業務フローとして問題があることが多いのです。

図5-2 マニュアルの限界を知る

手順が毎回変わる業務
煩雑で中身の見えない業務

図5-3 マニュアル化に適した業務の条件

1繰り返し発生する

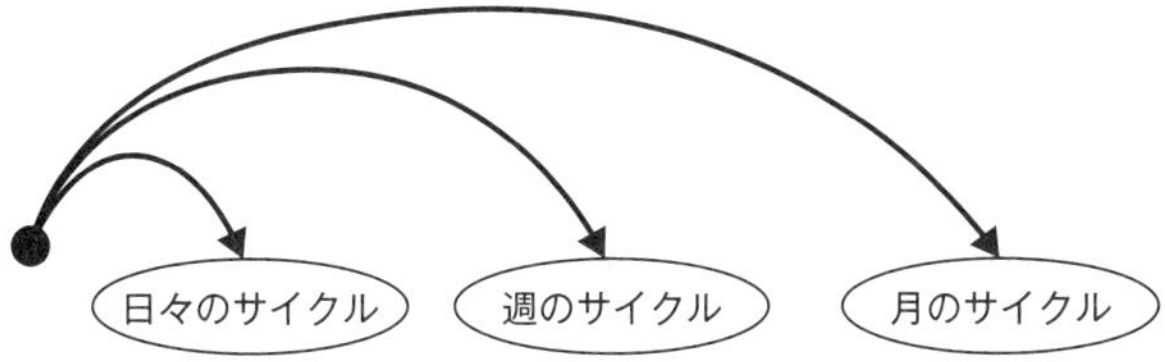

2パターンが多い

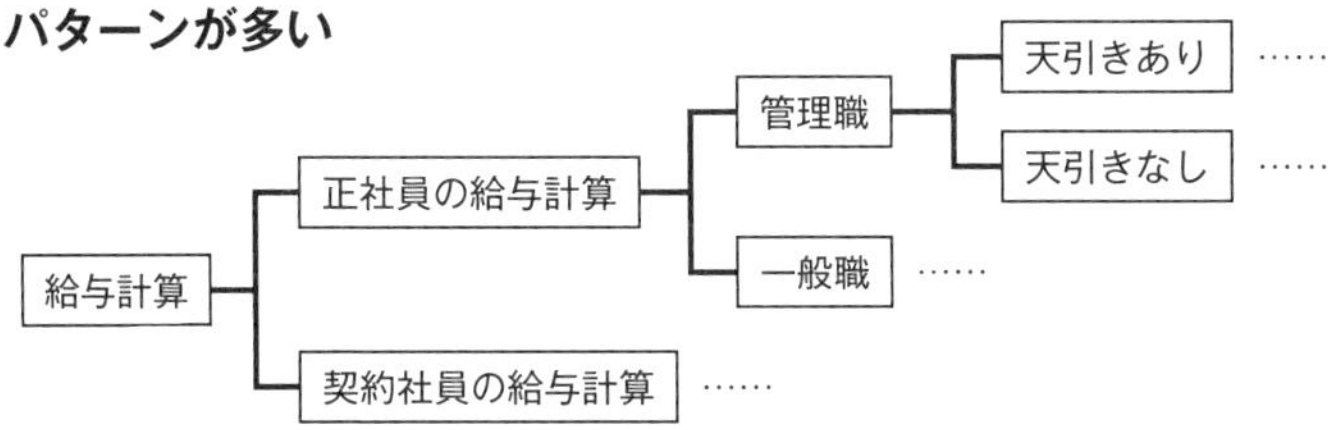

03 マニュアルにない業務への対応

「マニュアル人間」という言葉があります。マニュアル通りにしか行動・判断できない人間、機械化された意志のない人間といった意味で、批判的に使われることの多い言葉です。

マニュアル化に限界がある以上、マニュアルにない業務が発生したときにどう対処するかは重要ですが、普段優秀なマニュアルに頼りきって業務にあたっていると、想像力や当事者意識が乏しくなってしまう場合があります。第2章で述べたように「例外処理」をマニュアル内で述べることはできますが、マニュアルに作成された背景や作業項目として表記できないノウハウ、作り手の思いや判断基準などは書かれていません。

ところが、マニュアルに書いていない業務にあたるには、この「マニュアルに記載されていない事項」が重要になります。それは、その企業の判断ルールであったり、慣習であったり、効率的な業務のパターンであったりします。マニュアルを生み出した人は、こういった事項を理解・体得したうえで作成しています。

利用する側はマニュアルに沿った日常業務の中で、「自分はどう考えるか」「それは本当に正しいのか」「自分はこの仕事をどうしたいのか」「なぜそういった手順になったのか」を考えていきながら、このマニュアルの背景を理解していかなくてはなりません。

業務を通じたマニュアルの理解のほかに、企業の価値観や論理、最低限守らなくてはならない法令やルールなどを明文化し、教育していくことで「ベクトルのあった暗黙知」を浸透させていくことは可能です。マニュアルを生み出せる人材になることが、マニュアルにない業務が発生した際の適切な対応につながっていきます。

図5-4 マニュアルにない業務への対応

マニュアルを自分なりに咀嚼し背景を理解していくことが大切

【著者プロフィール】

株式会社日本能率協会コンサルティング

（JMAC〔ジェーマック〕）

戦略、生産、研究開発、営業、新事業化、自治体などの革新パートナーとして60年以上の歴史をもつ日本を代表する総合コンサルティングファーム。
「現場主義」「成果主義」に代表されるJMACのコンサルティングスタイルは、日本のみならず海外のクライアントからも高く支持されており、特に一人ひとりのコンサルタントによる顧客現場での革新実践力には定評がある。

【執筆者プロフィール】

小野 甫　（おの　はじめ）

日本能率協会コンサルティング入社後、生産領域を中心に、複数プロジェクトに参画。 これまで、印刷、食品製造、自動車部品製造、製薬などの業種を中心に活動。調達のコストダウンを中心に、調達組織全体の改革活動から製造現場・ホワイトカラー業務の生産性向上まで幅広く活動を行っている。

山田 康介　（やまだ　こうすけ）

日本能率協会コンサルティング入社後、生産領域を中心に、複数プロジェクトに参画。 これまで、印刷、住宅部材、化学などの業種を中心に様々な業種を経験。製造現場のコストダウンを中心に、現場を基軸としたＱＣＤ革新や中小企業の経営改革に至るまで幅広く活動している。

大森 靖之　（おおもり　やすゆき）

日本能率協会コンサルティング入社後、新工場建設、生産性向上、在庫削減など複数のプロジェクトに参画し、生産領域を中心にコンサルティングを行っている。生産領域以外には営業マネジメント力強化やホワイトカラー業務改善の支援も行っている。

編集協力／サイドランチ
カバーイラスト・作画／たみ
シナリオ制作／浜田正則

マンガでやさしくわかる業務マニュアル
見直しから電子化まで

2015年3月5日　初版第1刷発行

著　者 —— 日本能率協会コンサルティング

発行者 —— 長谷川 隆
発行所 —— 日本能率協会マネジメントセンター
〒105-8520　東京都港区東新橋1-9-2　汐留住友ビル24階
TEL　03(6253)8014(編集)／03(6253)8012(販売)
FAX　03(3572)3503(編集)／03(3572)3515(販売)
http：//www.jmam.co.jp/

装丁／本文デザイン —— ホリウチミホ（ニクスインク）
本文イラスト —— 門川洋子
本文DTP —— 株式会社明昌堂
印刷所 —— 三松堂株式会社
製本所 —— 三松堂株式会社

ISBN 978-4-8207-1916-8　C2034
落丁・乱丁はおとりかえします。
PRINTED IN JAPAN

マンガで
やさしくわかる
品質管理
計算なしで身につける!
クオリティ向上のための本格知識

マンガで
やさしくわかる
生産管理
現場を動かす
計画
手配
進捗管理

マンガで
やさしくわかる
事業計画書
数字×論理×ストーリーで人を動かす!
7ステップ+特製フォーマット

JMAM 既刊図書

マンガでやさしくわかる
起業

中野 裕哲　著

居酒屋の開業を夢見る主人公の秋吉はるかが、半年後の起業を目指して奔走！　短い期間で集中して取り組まなければならない要素をステップに沿って解説し、起業に必要なノウハウを、マンガと詳しい解説のサンドイッチ形式で楽しみながら学べる本。

●四六判　240頁

マンガでやさしくわかる
事業戦略

鬼頭 孝幸　編著／山邉 圭介　著／円茂 竹縄　作画

主人公は有力和菓子メーカーの経営企画室で働くことになった和美。リアルな事業戦略も読みどころのひとつで、事業戦略の基礎から立案、実行までを、マンガと解説で楽しみながら学べます。「絵に描いた餅」で終わらない"動く戦略"の作り方がわかります。

●Ａ５判　280頁

マンガでやさしくわかる
貿易実務

片山 立志　著／もとむら えり　作画

信用状取引や貿易条件「インコタームズ」など、イメージしづらい貿易実務の流れをマンガでサクサク解説！　基本的な貿易の流れから、様々な取引条件、各種書類、規制、保険契約、船積み、運送まで、マンガでイメージしながら学べます。

●四六判　240頁

日本能率協会マネジメントセンター